DIVULGACIÓN CIENTÍFICA E INNOVACIÓN MEDIÁTICA.
COMUNICAR LA CIENCIA EN EL ECOSISTEMA MÓVIL

— *Colección Comunicación y Pensamiento* —

DIVULGACIÓN CIENTÍFICA E INNOVACIÓN MEDIÁTICA. COMUNICAR LA CIENCIA EN EL ECOSISTEMA MÓVIL

Coordinadores

José María Valero Pastor
Alba García Ortega

Autores
(por orden de aparición)

José María Valero Pastor
Alba García Ortega
Maria Josep Picó
Rosanna Sanahuja
Francisco Fernández Beltrán
Ana Bellón Rodríguez
José Sixto García
Dennis Steve Chang Pappe
Juana Katiusca Flores Peralta
Gladys Arlette Corona León
María Lorena Cerdeña
Tamara Álvarez Robles
Núria G. Rabanal

EGREGIUS
ediciones

DIVULGACIÓN CIENTÍFICA E INNOVACIÓN MEDIÁTICA.
COMUNICAR LA CIENCIA EN EL ECOSISTEMA MÓVIL.

Ediciones Egregius

www.egregius.es

Diseño de cubierta e interior: Francisco Anaya Benitez

© Los autores

1ª Edición. 2018

ISBN 978-84-17270-70-4

ÍNDICE

LA IMPORTANCIA DE COMUNICAR LA CIENCIA EN EL NUEVO ECOSISTEMA MÓVIL

Durante los últimos años, el auge de los dispositivos móviles y las redes sociales está generando cambios en los hábitos de consumo de información y en las formas de producción dentro de la industria mediática. Estas mutaciones, cada vez más rápidas y acusadas, dibujan un nuevo ecosistema en el que los usuarios se ven abrumados por la sobreabundancia de información, lo que redunda en un menor nivel de profundidad en el consumo y la comprensión de los contenidos. Desde el punto de vista de los medios de comunicación, esta "infoxicación" obliga a competir por la atención de la audiencia, dejándose llevar, en muchos casos, por la dictadura de la inmediatez y el empleo de técnicas sensacionalistas en la redacción de titulares y piezas informativas.

En este escenario, se ha propiciado una rápida expansión del fenómeno conocido como posverdad, un relato de la realidad que no se corresponde con los hechos probados, sino que se construye a partir de las necesidades sociales y emocionales de los actores involucrados en el proceso comunicativo. Esta tendencia no solo se puede percibir en terrenos como la política y la economía, sino que también afecta peligrosamente a muchas ramas del conocimiento científico, con movimientos como el antivacunas y el negacionismo del cambio climático, con el peligro que ello conlleva.

La innovación en periodismo emerge, en este contexto, como esperanza en la lucha contra la posverdad en todos los ámbitos, incluido el científico. Los medios de comunicación innovadores no basan su competencia por la atención de la audiencia en la inmediatez y el sensacionalismo, sino que aprovechan las posibilidades tecnológicas y sociales del nuevo paradigma digital móvil para aportar valor añadido a sus usuarios y, con ello, diferenciarse de otros medios. Desde este prisma, Internet y el creciente uso de los dispositivos móviles pueden contribuir a impulsar la divulgación científica hacia públicos más amplios y menos especializados, posibilitando la creación de contenidos más atractivos y accesibles.

En el presente libro se analiza de qué manera la innovación mediática contribuye a comunicar la ciencia de forma rigurosa y efectiva. Para ello, se pone el foco en diferentes iniciativas, como Ágora Digital, se estudia el uso de redes sociales para cubrir fenómenos de corte científico, y se explora el alcance actual de la divulgación del I+D+i.

José María Valero Pastor
Universidad Miguel Hernández de Elche, España
Alba García Ortega
Universidad Miguel Hernández de Elche, España

AGORA DIGITAL: LAS NARRATIVAS TRANSMEDIA Y LA RRI PARA LA INNOVACIÓN DE LA COMUNICACIÓN CIENTÍFICA UNIVERSITARIA

Dra. Maria Josep Picó
Universitat Jaume I, España
Dra. Rosanna Sanahuja
Universitat Jaume I, España
Dr. Francisco Fernández Beltrán
Universitat Jaume I, España

Resumen

Este trabajo analiza la implantación de las narrativas transmedia en la comunicación científica institucional y en la promoción de la investigación responsable promovidas desde el Servicio de Comunicación y Publicaciones de la Universitat Jaume I (UJI). En concreto, presenta las conclusiones del proyecto "Àgora digital: narrativas transmedia y cultura participativa en la comunicación científica", respaldado por la FECYT y finalizado en diciembre de 2017, en el que han participado miembros de diez grupos y dos institutos de investigación y el Parque Científico, Tecnológico y Empresarial Espaitec. El estudio analiza la implicación de la comunidad investigadora de la UJI en el uso de las nuevas herramientas del entorno digital, como las redes sociales -especialmente Twitter- y la comunicación a través de un blog colectivo, además de analizar su posicionamiento ante el modelo de la *Responsible Research and Innovation (RRI).* Las nuevas formas de comunicar e interaccionar en la era 2.0 y 3.0 afectan tanto a los medios de comunicación convencionales, como al ámbito de la comunicación institucional. A su vez, en el ámbito universitario en entorno digital está abriendo nuevas posibilidades para innovar en la difusión de la ciencia y promover la interacción y el diálogo entre los diversos actores tanto de la comunidad académica como de la sociedad y los medios.

Palabras claves

Comunicación científica, transmedia, RRI, participación, responsabilidad, innovación, investigación, ciencia

1. Introducción y justificación

Las nuevas formas de comunicar e interaccionar en la era digital, gracias a las redes sociales, no únicamente están afectando a los medios de comunicación convencionales -ya que se está alterando el rol de mediador tanto del periodista como de la empresa mediática- sino que en el ámbito universitario están abriendo nuevas posibilidades para modernizar la difusión de la ciencia y promover la interacción de los diversos actores tanto de la comunidad académica como de la sociedad y los medios. Las tecnologías de la comunicación, de hecho, han remodelado las prácticas de producción, distribución y consumo de la prensa diaria (Meyers, 2012) y el acceso a la información en general. Por su parte, la ciudadanía ya ha superado su posicionamiento pasivo de receptor o consumidor, y ha devenido en audiencia creativa, con capacidad de generación y emisión de mensajes, además de grandes posibilidades de influencia en la opinión pública.

De igual manera que los medios convencionales, especialmente las redacciones de los periódicos, están viviendo una transición hacia la convergencia de los diversos soportes de comunicación y la integración de los procesos productivos (Porto y Flores, 2012, p.45), las instituciones de educación e investigación deben afrontar la innovación en la difusión científica. La convergencia de medios se ha hecho inevitable el flujo de contenidos a través de múltiples canales (Scolari, 2013, p.23). Además, la transmedialidad puede ayudar a la proyección social de la instituciones y al incremento de su prestigio, ya que favorece una mayor empatía con los públicos, el aumento del alcance de las publicaciones relacionadas con las acciones, mayor *engagement* y transmisión de valores positivos de la entidad institucional −de las marcas en el caso de la comunicación corporativa (Molina, 2017).

Por este motivo, la Unidad de Cultura Científica y de la Innovación (UCC+i) de la Universitat Jaume I, dependiente del Servicio de Comunicación y Publicaciones, ha desarrollado -desde el mes de abril a diciembre de 2017- el proyecto *Ágora digital: narrativas transmedia y cultura participativa en la comunicación científica*. El objetivo de esta iniciativa, que ha contado con la financiación de la Fundación Española para la Ciencia y la Tecnología (FECYT) del Ministerio de Economía, Industria y Competitividad, era el de explorar desde la propia universidad las nuevas claves de este periodismo integrado, optimizando todas las potencialidades para el fomento de la comunicación científica mediante las nuevas narrativas transmedia como también a través de la promoción de la cultura participativa de la comunidad universitaria y la sociedad en general, teniendo en cuenta la diversidad de audiencias.

Además de investigar en los nuevos retos de las narrativas transmedia y el modelo multimedia interactivo en la comunicación y la divulgación de la ciencia, la UCC+i de la Universitat Jaume I también ha estudiado las nuevas opciones del entorno digital para complementar su función de la universidad como fuente informativa del ámbito científico –en la vertiente de transferencia de los resultados de la investigación- para los medios de comunicación, con el fin de establecer contacto, diálogo e interacción con sus diversos públicos. El concepto de propagabilidad de los contenidos mediáticos se considera fundamentale como elementospara forjar conexiones entre los miembros del público (Jenkins, Ford, Green, 2015, p.320) y avanzar hacia una cultura en red. Teniendo en cuenta, paralelamente, que en el ámbito de la comunicación científica, Internet se ha convertido en la primera fuente de información, una tendencia que debería ser tenida en cuenta por la comunidad investigadora (Brossard, Scheufele, 2013).

La VII Encuesta de Percepción Social de la Ciencia de FECYT revela que el 37,7% de la ciudadanía española se informa de la actualidad científica a través de Internet, que ocupa el segundo lugar (57,8%), tras la televisión (71,2%), aunque los porcentajes en el ámbito digital ascienden en la población más joven: un 82,1% de jóvenes entre 15 y 24 años se informa de ciencia vía Internet. Por su parte, las redes sociales se convierten, por primera, en la fuente de información científica más consultada en Internet, un 43,6% frente al 30,8% de la consulta realizada en 2014 (FECYT, 2017). La proliferación de estos canales muestra a su vez, los riesgos de la creación de archipiélagos de comunidades hiperinformadas, una fragmentación de audiencias que perjudica el alcance de los temas centíficos a públicos más amplios no especializados a través de la transversalidad en la actualidad diaria (Picó, 2017, p.130).. Es la tendencia denominada «deriva del periodismo de complejidad en la arena científica» que advierte del incremento de noticias sorpresivas y espectaculares, junto a la sucesión de anécdotas en sustitución del relato en profundidad, riguroso y de calidad (De Semir, 2011).

Una de las bases fundamentales del proyecto Ágora Digital ha sido la promoción de la interacción y el diálogo entre la comunidad investigadora de la Universitat Jaume I con la sociedad, en algunas ocasiones, incluso promoviendo la superación de la intermediación convencional de los medios de comunicación con la finalidad añadida de incorporar el modelo de la la *Responsible Research and Innovation* (RRI) promovida desde la Unión Europea. Teniendo en cuenta, al mismo tiempo, que las nuevas tecnologías están transformado la comunicación pública de la ciencia, pues desdibujan los límites entre el público y el ámbito mediático (Trench, 2008).

La Comunicación Pública de la Ciencia y la Tecnología (CPCT) resulta un requisito moralmente imprescindible para el desarrollo de la RRI según el estudio desarrollado desde la Universitat Jaume I desde la perspectiva de la ética dialógica (Garzía Marzá *et al.*, 2017), que plantea un modelo de comunicación para favorecer la RRI basado en informar de forma proactiva, escuchar a las expectativas legítimas de los grupos de interés (stakeholders), adquirir compromisos respecto a las mismas y rendir cuentas de lo realizado, actuando así de una forma responsable y responsiva (Cortina, 2007). Desde esta perspectiva ética, concretada en un protocolo de comunicación (Fernández, 2017), la comunicación y el diálogo son herramientas imprescindibles tanto para garantizar una información transparente y abierta como para permitir la participación de las personas afectadas por un proceso de investigación e innovación y sus resultados.

Esta propuesta supone mantener una CPCT desde la comunidad investigadora hacia la sociedad, siguiendo el modelo tradicional todavía mayoritario, denominado por diversos autores (Alcibar, 2015) como modelo de apreciación pública de la ciencia y la tecnología (Public Appreciation of Science and Technology), pero avanzando hacia un modelo de comprensión crítica de la ciencia en público (Critical Understanding of Science in Public), modelo que según la catalogación realizada por Tinker (2013), considera críticamente todos los aspectos que intervienen en las interacciones ciencia-sociedad, subrayando el carácter multidimensional y contextual de la comunicación. Se trata de establecer cauces para que el público pueda alcanzar una comprensión crítica del fenómeno científico y, por tanto, pueda cuestionar y responder a los pros y contras que suscita la tecnociencia (Horst, 2008).

El primer informe europeo sobre RRI (Sutcliffe, 2011) supuso una primera aproximación al concepto, que en 2012 la UE definía señalando que la Investigación e Innovación Responsables hace referencia "a que los actores de la sociedad trabajen juntos durante todo el proceso de investigación e innovación con el fin de alinear mejor los procesos y sus resultados con los valores, necesidades y expectativas de la sociedad europea". Para de favorecer su implantación, materializa su desarrollo entorno a seis ejes: participación, igualdad de género, educación científica, acceso abierto a la información, ética y gobernanza (European Comission, 2012). La UE hizo en la Declaración de Roma sobre Investigación e Innovación Responsables en Europa (European Comission, 2014) un llamamiento a todas las instituciones europeas, a los Estados miembros de la UE y a sus organizaciones, empresas y sociedades civiles para situar la denominada *Responsible Research and Innovation* (RRI) como objetivo central de todas las políticas y actividades pertinentes en materia de ciencia y tecnología.

2. Objetivos y metodología

Este trabajo tiene el objetivo fundamental de analizar el impacto generado por el desarrollo del proyecto *Ágora digital: narrativas transmedia y cultura participativa en la comunicación científica*, desarrollado por la UCC+i de la UJI durante ocho meses, de abril a diciembre de 2017, en el que han participado diez grupos y dos institutos de investigación de la Universitat Jaume I, además de Espaitec, el Parque Científico, Tecnológico y

Empresarial de esta universidad. En concreto, han participado los grupos: Neurobiotecnología, Neuroanatomía, Unisexsida, Itaca, GREAT, Social Innova, Ética y Democracia, GROC, Semiconductores Avanzados (GAS) y Ecofisiología y Biotecnología. También han participado miembros del Instituto Interuniversitario de Desarrollo Local (IIDL) de las facultades de Ciencias Jurídicas y Económicas y de Ciencias Humanas y Sociales, y el Instituto de Materiales Avanzados (INAM) de la Escuela Superior de Tecnología y Ciencias Experimentales. La metodología utilizada es tanto cuantitativa como cualitativa, mientras que dos han sido las líneas más importantes de estudio. En primer lugar, la influencia de Ágora digital en la difusión de la ciencia a través de nuevas herramientas digitales -como el blog colectivo Ágora Digital y el uso de las redes sociales por parte de la comunidad investigadora de esta institución académica, especialmente, Twitter- y, en segundo término, la promoción e incorporación de la perspectiva Responsible Research and Innovation (RRI).

En consecuencia, esta comunicación quiere responder a las siguientes preguntas de investigación:

- ¿Qué nivel de implantación del modelo de comunicación científica transmedia se ha conseguido con el desarrollo del proyecto Ágora Digital?

- ¿Qué ventajas e inconvenientes genera en la comunidad investigadora de la UJI el uso de herramientas digitales para la difusión de la ciencia?

- ¿Cómo ha evolucionado la perspectiva de las investigadoras y los investigadores ante las exigencias básicas de la perspectiva RRI gracias a Ágora Digital?

3. Resultados

La iniciativa Ágora Digital ha logrado la implicación formal de miembros de diez grupos y dos institutos de investigación y el Parque Científico, Tecnológico y Empresarial, Espaitec, y algunas de las empresas radicadas en este espacio, además, durante su desarrollo también ha facilitado la implicación individual de investigadores de otros grupos y departamentos de la UJI. A su vez, se ha consolidado como un espacio de interacción, conocimiento y colaboración interdisciplinar de profesionales de las diversas áreas de conocimiento, como revela la creación del Seminario Permanente de Investigadores en Cambio Climático[1], y también en un ámbito de formación para la comunicación científica y la conformación de la identidad digital de la comunidad investigadora[2].

El proyecto de comunicación científica transmedia se ha sustentado en dos ámbitos fundamentales: la participación en un blog colectivo denominado Ágora Digital y el uso de Twitter -tras el análisis de las diversas redes sociales y el conocimiento básico existente sobre ellas, se decidió focalizar la acción solo en ésta, tanto por su accesibilidad y versatilidad, como por su proximidad a la comunidad científica. Se utilizaron los hashtags #ÁgoraDigital y #CienciaUJI.

El blog Ágora Digital[3] ha logrado aglutinar un total de 60 textos de diversos investigadores e investigadoras, es decir, una media de 7,5 entradas mensuales, una cantidad que se considera relevante y que ha servido de complemento y refuerzo a la actividad de la comunicación institucional de los resultados de la investigación de la UJI.

En el ámbito de Twitter, se han analizado los tweets que utilizaron el #hashtag del proyecto #ÁgoraDigital, en comparación también con otras etiquetas, como la genérica #CienciaUJI. La herramienta utilizada ha sido http://www.followthehashtag.com/. El gráfico 1 muestra la evolución y alcance de #ÁgoraDigital.

---

[1] https://www.uji.es/com/vox-noticies/2018/01/canvi-climatic/?urlRedirect= http://www.uji.es/com/vox-noticies/2018/01/canvi-climatic/&url=/com/vox-noticies/ 2018/01/canvi-climatic/

[2] https://www.uji.es/com/noticies/2017/07/1q/agora-digital/?urlRedirect= https://www.uji.es/com/noticies/2017/07/1q/agora-digital/&url=/com/noticies/ 2017/07/1q/agora-digital/

[3] http://blogs.uji.es/agoradigital/

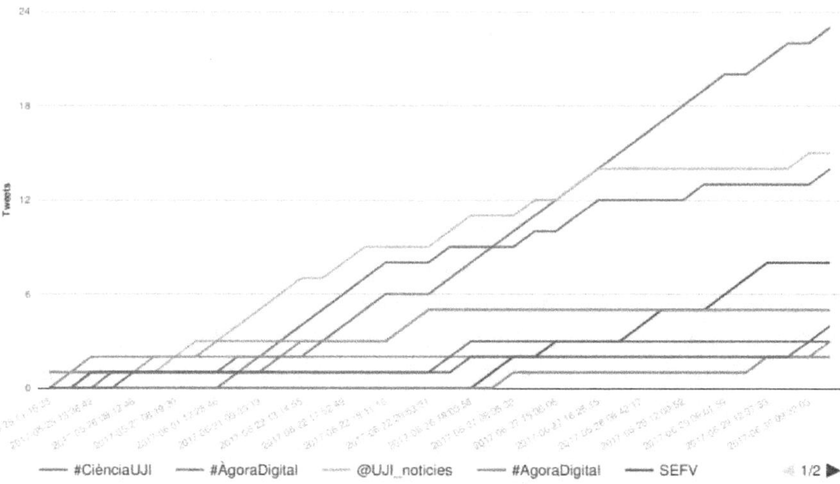

La tabla 1 recoge los datos más destacadas de la actividad en Twitter con el hashtag #ÁgoraDigital durante período estudiado, en concreto, durante 282 días, en los que los mensajes con este marcador lograron una audiencia total de 126.507. En este sentido, cabe remarcar que una de las debilidades de esta muestra es que los tweets emitidos por los investigadores sin este marcador —por la escasa práctica inicial en los lenguajes digitales y la poca familiaridad con el uso de marcadores- no pueden quedar recogidos.

Tabla 1. Resultado de la encuesta relativa a las ventajas e inconvenientes

Número total tweets	145
Audiencia total	126.507
Impresiones totales	493.446
Perfiles que han contribuido	52
RTs	97
Imágenes compartidas	34
Días de actividad	282

Fuente: Elaboración propia

Todas estas cifras sirven para contestar a la primera pregunta de investigación relativa al nivel de implantación del modelo de comunicación científica transmedia se ha conseguido con el desarrollo del proyecto Ágora Digital. Consideramos que el nivel de incorporación de la comunidad investigadora a las redes sociales y los lenguajes digitales para difundir los conocimientos científicos ha sido moderada, sin embargo, ha resultado muy positiva porque ha provocado un giro muy relevante en la concepción de la comunicación científica en la UJI.

Como fortalezas de la iniciativa, son destacables el nivel de implicación de los investigadores, que partiendo de un nivel escaso o nulo, se han convertido en usuarios habituales de las redes, han creado su comunidad, tanto local como internacional, y se han convertido en un ejemplo para el resto de investigadores. Y entre las debilidades cabe subrayar la dificultad para conseguir que las conversaciones digitales sobre ciencia de la comunidad investigadora de la UJI en Twitter amplíen su impacto a nuevos sectores de la sociedad, mediante la incorporación de su feed-back al diálogo en las redes sociales. Otra debilidad es la complejidad para incorporar criterios de gamificación en la comunicación científica transmedia, teniendo en cuenta las prioridades de las investigadores y los investigadores.

Por otra parte, destaca el nivel elevado de satisfacción de los investigadores participantes en Ágora Digital (Gráfico 2), mientras que esta iniciativa ha logrado un incremento del uso de redes sociales del 64,7 % (Gráfico 3) en el colectivo de los investigadores implicados en el proyecto, según los resultados de la encuesta online planteada a los participantes tras la conclusión del proyecto, en enero de 2018.

Gráfico 2. Respuestas para la calificación global de Ágora Digital de la segunda   encuesta del proyecto realizada en enero de 2018

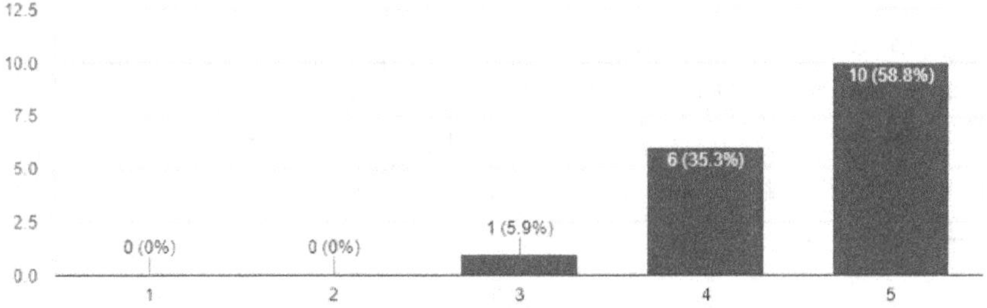

Fuente: Elaboración propia.

Gráfica 03. Respuestas sobre el incremento del uso de las redes sociales por parte de la comunidad investigadora de la UJI[4].

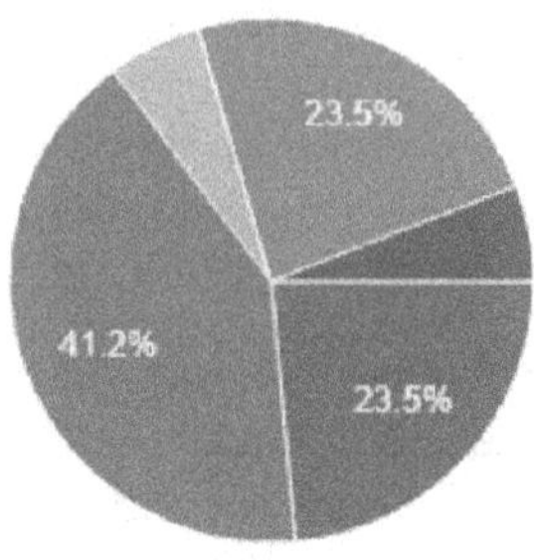

Fuente: Elaboración propia.

La segunda de las preguntas de investigación se centraba en conocer la respuesta generada en la comunidad investigadora de la UJI el uso de herramientas digitales para la difusión de la ciencia en primera persona. A continuación, la tabla 2 recoge las ventajas e inconvenientes más destacadas por los resultados de la encuesta realizada a los participantes.

Tabla 2. Resultado de la encuesta relativa a las ventajas e inconvenientes argumentados de forma abierta por los investigadores sobre el uso de las redes sociales para la comunicación de la ciencia, enero 2018.

VENTAJAS	INCONVENIENTES
Poder llegar a la ciudadanía de manera inmediata.	La rapidez de las redes no favorece la reflexión.
Un medio más próximo, rápido, interactivo, accesible	Falta de habilidades digitales y tiempo.
Medio que favorece un tono más informal para comunicar la ciencia, con más proximidad a la ciudadanía.	Excesiva brevedad, frente a la complejidad científica.
Posibilidad de obtener feedback desde diferentes sectores: sociales, investigadores, políticos, organizaciones, etc.	Peligro de crear falsas expectativas y demasiado 'ruido'
Garantizar la transferencia de los resultados a la sociedad que, en definitiva, financia el desarrollo de la ciencia.	Riesgo de exceso de protagonismo de algunos investigadores.

Fuente: Elaboración propia.

---

[4] En rojo, el 41,2%, reconocen que el proyecto ha motivado su uso de Twitter para la publicación de contenidos relacionados con su grupo de investigación.

Además de los aspectos positivos señalados por los investigadores, el proyecto Ágora Digital ha potenciado la interacción y conocimiento mutuo de investigadores de diversos ámbitos de la UJI, es decir, la transversalidad de la ciencia ha sido primordial para el proyecto. De esta manera, científicos de las diferentes ramas del conocimiento han confluido en los mismos espacios de formación –comunicación y divulgación de la ciencia, configuración de la identidad digital, etc- y han comenzado a surgir proyectos interdisciplinares de gran interés, como es el caso del Seminario permanente de investigadores en cambio climático, comprometido no comprometido no solo con la investigación y el trabajo transdisciplinar, sino con una vocación profunda en la difusión de la ciencia sobre todos los ámbitos científicos vinculados con el calentamiento global y la sostenibilidad.

Por último, la tercera pregunta de investigación planteaba cómo ha evolucionado la perspectiva de las investigadoras y de los investigadores de la UJI ante las exigencias básicas de la perspectiva RRI gracias a Ágora Digital. Para responder a esta cuestión disponemos de los resultados de la encuesta presencial inicial, realizada durante la puesta en marca del proyecto en abril de 2017 y de la consulta online realizada tras la conclusión de la iniciativa, en enero de 2018. Ambas presentaban las mismas cuestiones con el fin de evaluar la evolución en la implantación del concepto RRI.

En principio, se instaba a los científicos que puntuaran de 1 a 10 la importancia, bajo su punto de vista, de establecer un diálogo interactivo entre el ámbito de la ciencia y la sociedad. En este apartado, la contestación de la primera consulta fue casi unánime, con una puntuación media de 9,6. Unos resultaron que se repitieron, incluso mejoraron ligeramente en la segunda consulta, al alcanzarse un promedio superior a los 9,7 puntos (Gráfico 4).

Gráfico 4. Respuestas a la pregunta ¿Cuál es la importancia de establecer un diálogo interactivo ciencia-sociedad?

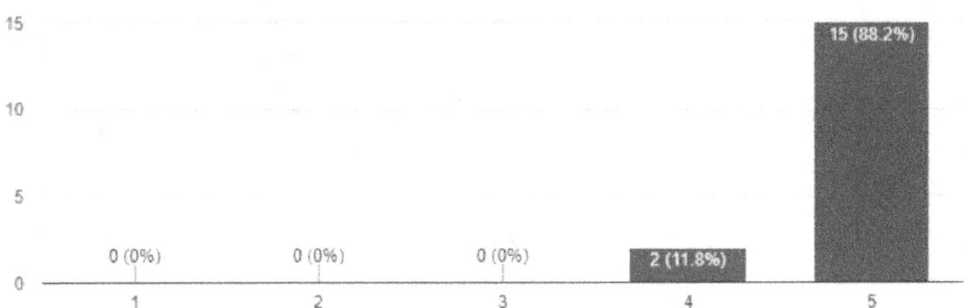

Fuente: Elaboración propia.

Sin embargo, las fracturas se revelaron en la segunda cuestión que planteaba en qué medida las expectativas de la ciudadanía deben influir en los ámbitos científicos que se tienen que investigar. En este punto, tan básico para el despliegue de la RRI, la puntuación fue menor y solo alcanzó el 8,1 de 10 en la primera encuesta. En la segunda, incluso se redujo levemente, descendiendo hacia un promedio de 7,8 puntos y revelando, al mismo tiempo, las dificultades para incorporar en la dinámica de la comunidad investigadora la incorporación de los intereses de la sociedad en las prioridades de la ciencia.

Esta postura coincide con la detectada ya en estudios previos sobre RRI y comunicación, en la que los *focus group* realizados con personal investigador revelaron claramente las reticencias de parte de la comunidad científica a la participación de la sociedad en la determinación de los fines (García Marzá et all, 2017). Desde la perspectiva de la ética dialógica, Cortina defiende que en materia de ciencia, tecnología e innovación "hay expertos en medios, pero los fines sólo pueden determinarlos los afectados por la puesta en marcha de una ciencia, porque son ellos quienes mejor conocen en qué consiste ese bien" (Cortina, 1993, p.260). El papel de los expertos consiste entonces en asesorar y la decisión recae en manos de los afectados y afectadas. Por otra parte, también se puede concluir, respondiendo a la tercera pregunta de investigación, que la implicación de la comunidad investigadora en la comunicación científica transmedia no ha motivado una mejora notable en su perspectiva de este pilar básico de la RRI (Gráfico 5).

Gráfico 5. Respuestas a la pregunta ¿Cómo deben influir las expectativas de la ciudadanía en los ámbitos científicos que se deben investigar?

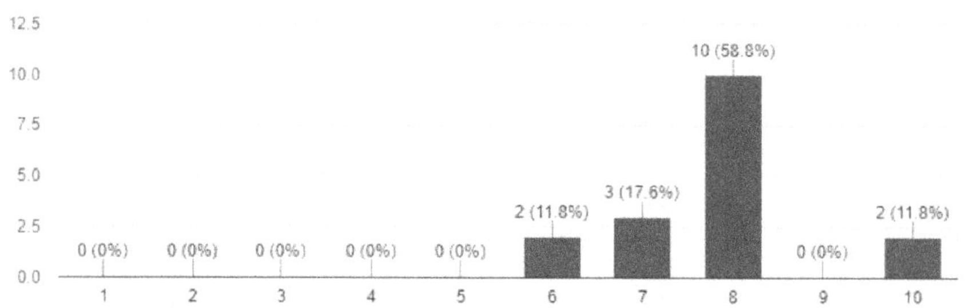

Fuente: Elaboración propia.

4. Discusión y conclusiones

Las redes sociales se han convertido, por primera vez, en la fuente de información científica más consultada en Internet por la ciudadanía española (FECYT, 2017) que cada vez actualiza más sus conocimientos sobre ciencia a través del entorno digital. Además, en un contexto de convergencia mediática, con flujo de contenidos a través de los diversos canales (Scolari,

2013, p.23), la comunicación científica institucional desde entidades como las universidades públicas deben afrontar el reto de la innovación en los nuevos procesos comunicativos favorecidos por el desarrollo de las tecnologías. La implantación e impacto de las redes sociales muestra la importancia de avanzar hacia un modelo de comunicación científica transmedia donde se exploren vías innovadoras para la transmisión de conocimiento científico a la sociedad, así como para establecer un diálogo fluido y dinámico entre ambos sectores. Este intercambio de ideas en el ámbito digital también es fundamental para incorporar la perspectiva RRI en el desarrollo de la investigación científica (Fernández Beltrán *et al.*, 2017).

Los hitos de la iniciativa Ágora Digital, con financiación de la FECYT, constituyen un germen para el avance de un modelo de comunicación científica transmedia en ámbito de la universidad pública, con la implicación y complicidad de la comunidad investigadora. Este progreso es necesario debido a las nuevas tendencias del paradigma digital y la convergencia de medios (García y Heredero, 2015) que también puede revertir tanto en la proyección de la imagen profesional del científico, como en el prestigio de la entidad académica a la que pertenece (Molina, 2017). De hecho, el paradigma 2.0 y 3.0 hace posible que los investigadores lancen los resultados de sus estudios en el ámbito online a través de las plataformas existentes para promover antes de su publicación definitiva, discusión y transmisión de conocimiento. Se han realizado estudios que muestran que el impacto científico puede ser medido mediante el análisis de datos de las redes sociales y cómo este enfoque muestra una correlación con las métricas tradicionales, en consecuencia, pueden ser utilizadas de forma complementaria (Hoffmann, *et al.*, 2014).

El proyecto ÁgoraDigital, en solo ocho meses de vigencia, de abril a diciembre de 2017, ha generado un giro importante en la concepción clásica de la comunicación científica en el seno de la comunidad investigadora de la UJI, por ello, se considera prioritario potenciar el nuevo canal de comunicación creado para que los investigadores compartan de forma colectiva contenidos vinculados con su actividad investigadora, como también impulsar a los científicos a trabajar su identidad digital, a crear sus propias comunidades y a abrir nuevas vías de difusión para alcanzar nuevos públicos.

La aproximación de la comunidad investigadora de la UJI a las narrativas transmedia han sido moderadas, sin embargo, los perfiles más exitosos revelan un destacado potencial de innovación en la difusión científica liderada por los propios investigadores a través de las redes sociales y espacios digitales como el blog multidisciplinar Ágora Digital, donde se promueve una comunicación científica más informal, como también divulgación de la ciencia con el objetivo de favorecer una aproximación al público en general. De hecho, Ágora Digital ha logrado un incremento del uso de redes sociales del 64,7 % en el grupo de investigadores integrados en el proyecto.

La gamificación de actividad ha sido fundamental. Ante las restricciones de tiempo para abordar nuevas tareas por parte de los investigadores, comprobamos que las mayores tasas de éxito de este proyecto se registran cuando los científicos sienten un cierto reconocimiento en su entorno y, en segundo lugar, cuando acceden a contenidos interesantes, ya que progresan en la construcción de su perfil. En la vertiente contraria, debemos destacar las dificultades para ilusionar a la totalidad de investigadores participantes, la frustración al no conseguir impactos o seguidores y la falta de tiempo para dedicar a estas nuevas herramientas, entre ellas, también la escritura de textos para el blog.

En cuanto a la perspectiva *Responsible Research and Innovation*, este estudio muestra que la comunidad científica de la UJI se muestra muy partidaria para crear vínculos y diálogo entre la ciencia y la sociedad, sin embargo, los investigadores se manifiestan menos partidarios a que las expectativas de ciudadanía influyan en la determinación de las áreas de investigación científica que se deben potenciar, en línea con los pilares de la RRI (European Comission, 2014). Además, uno de los resultados de este trabajo muestran que la incorporación de las narrativas transmedia para la difusión de la ciencia apenas han variado el comportamiento y percepción de la comunidad investigadora ante los pilares básicos de la RRI.

Las conclusiones de Ágora Digital muestran la conveniencia de continuar promoviendo la implicación de las investigadoras y los investigadores en la comunicación científica transmedia en el entorno digital y las redes sociales, con la finalidad de avanzar en todas las líneas de trabajo apuntadas por los propios científicos en las ventajas del proyecto e innovar constantemente en la difusión de los resultados de la investigación y en la conexión con los diversos sectores de la ciudadanía mediante las nuevas tecnologías. Consideramos que las narrativas transmedia, pero, sobre todo, el uso de las redes sociales, puede ayudar a la asunción de las bases de la RRI con mayor profundidad, por ello, también estimamos que sería una línea de trabajo interesante, tanto de avance en el ámbito de la comunicación como en la vertiente de su investigación.

Referencias bibliográficas

Acíbar, M. (2015). Comunicación pública de la ciencia y la tecnología: una aproximación crítica a su historia conceptual. Arbor, 191 (773): a242. doi: http://dx.doi.org/10.3989/arbor.2015.773n3012

Beltrán, F., Sanahuja, R., Andrés, A. y Barberá, S. (2017) Ética y comunicación de la ciencia en las universidades y centros de investigación españoles: análisis de la situación y perspectiva en IV Congreso Internacional de Ética de la Comunicación 2017, 23 y 24 de marzo de 2017, Universidad de Sevilla.

Brossard, D.; Scheufele, D. A. (2013). New Media, and the Public. Science (núm. 339, pág. 40).

Cortina, A. (1993). *Ética aplicada y democracia radical.* Madrid: Tecnos.

Cortina, A. (2007). Ética de la razón cordial. Educar en la ciudadanía en el siglo XXI. Oviedo: Ediciones Nobel.

De Semir, V. (2015). Decir la ciencia. Divulgación y periodismo científico de Galileo a Twitter. Publicacions i edicions Universitat de Barcelona.

European Commission (2012). Responsible Research and Innovation. Europe's ability to respond to societal challenges. Bruselas: Publicaciones Oficiales UE.

European Commission (2013), van den Hoven, J., Jacob, K., Options for strengthening Responsible Research and Innovation — Report of the Expert Group on the State of Art in Europe on Responsible Research and Innovation, DG Research and Innovation.

European Commission (2014), Rome Declaration on Responsible Research and Innovation in Europe.

Fundación Española para la Ciencia y la Tecnología, FECYT (2017). VIII Encuesta de Percepción Social de la Ciencia y la Tecnología.

Fernández-Beltrán, F.; García-Marzá, D.; Sanahuja Sanahuja, R.; Andrés Martínez, A.; Barberá Forcadell, S. (2017): "La gestión de la comunicación para el impulso de la Investigación e Innovación Responsables: propuesta de protocolo desde la ética dialógica". Revista Latina de Comunicación Social, 72, pp. 1.040 a 1.062. DOI: 10.4185/RLCS-2017-1207

García Carrizo, J.; Heredero Díaz, O. (2015). Propuesta de un modelo genérico de análisis de la estructura de las narra- tivas transmedia, Icono 14, volumen (13), pp. 260-285. doi: 10.7195/ri14.v13i2.745

García Marzá, D., Fernández Beltrán, F. y Sanahuja, R. (2017). Ética y comunicación en la gestión de la Investigación e Innovación Responsables (RRI): el papel de las Unidades de Cultura Científica y de la Innovación (UCC+i), Publicacions de la Universitat Jaume I, Castelló de la Plana.

Gibbons, M. (1999). "Science's new social contract with society". Nature, 402 (6761), pp. c81-c84.

Hoffmann, C.P.; Lutz, C.; Meckel, M. (2014). Impact Factor 2.0: Applying Social Network Analysis to Scientific Impact Assessment. In: 47th Hawaii International Conference on System Science, Hilton Waikoloa Village. DOI: 10.1109/HICSS.2014.202

Horst, M. (2008). In search of dialogue: staging science communication in consensus conferences. En Cheng, D.; Claessens, M.; Gascoigne, T.; Metcalfe, J.; Schiele, B. y Shi, S. (eds.), Communicating Science in Social Contexts. New models, new practices, pp. 259-274. Springer, Brussels.

Jenkins, H.; Ford, S.; Green, J. (2015). Cultura transmedia. La creación de contenido y valor en una cultura en red. Gedisa Editorial. Barcelona.

Meyers, E. A. (2012). Blogs give regular people the chance to talk back: Rethinking 'professional' media hierarchies in new media. New Media & Society (núm. 6 (14), págs. 1022-1038).

Molina, C. (2017). Hacia una comunicación corporativa transmedia. En: adComunica. Revista Científica de Estrategias, Tendencias e Innovación en Comunicación, no14. Castellón: Asociación para el Desarrollo de la Co- municación adComunica y Universitat Jaume I, 259-265. DOI: http://dx.doi. org/10.6035/2174-0992.2017.14.15

Peters, H. P. (2013). "Gap between science and media revisited: Scientists as public communicators". Proceedings of the National Academy of Sciences, 110 (suppl. 3), pp. 14102-14109, doi: 10.1073.

Picó, M.J. (2017). Periodismo ambiental. De la lucha ecologista al entorno digital. Editorial UOC. Barcelona.

Porto, D.; Flores, J. (2012). Periodismo transmedia. Editorial Fragua. Madrid.

Renó, D.; Campalans, C.; Ruiz, S.; Gosciola, V. (eds). (2014). Periodismo transmedia: miradas múltiples. Editorial UOC. Barcelona.

Scolari, C.A. (2013). Narrtivas transmedia. Cuando todos los medios cuentan. Deusto. Barcelona.

Sutcliffe, H. (2011). A report on Responsible Research & Innovation. European Commission. Retrieved from http://ec.europa.eu/research/science-society/document_library/pdf_06/rri-report-hilary-sutcliffe_en.pdf

Tinker, P. S. (2013). Communicating popular science. From deficit to democracy. New York: Palgrave Macmillan

Trench, B. (2008). Internet: Turning science communication inside-out. En: M. Bucchi & B. Trench (eds.), Handbook of public communicationvof science and technology (págs. 185-198). London, UK: Routledge.

CAPÍTULO II

EL CICLO DE VIDA DE LOS RESULTADOS DE UN PROYECTO DE INVESTIGACIÓN: DEL LABORATORIO A LA SOCIEDAD

Dra. Ana Bellón Rodríguez

Consejo Superior de Investigaciones Científicas y U. de Santiago De Compostela
Dr. José Sixto García

Instituto de Medios Sociales y Universidad de Santiago de Compostela

Resumen

La norma UNE 166001 define al proyecto de investigación como un proceso único, que consiste en un conjunto de actividades coordinadas mediante una combinación de recursos humanos y no humanos, contratadas con una fecha de inicio y de fin, llevadas a cabo para lograr un determinado objetivo conforme a unos requisitos específicos. Su principal cometido, por tanto, es el incremento del conocimiento a través de la obtención de resultados. Éstos pueden o no coincidir con los esperados y pueden o no dar lugar a nuevas preguntas, pero, ¿qué sucede con ellos desde desde el punto de vista de su difusión? El objetivo de este trabajo es definir y analizar el ciclo de vida de un resultado de I+D+i obtenido en el marco de proyectos financiados por convocatorias de concurrencia competitiva desde que surge en el laboratorio hasta que llega a la sociedad. Para ello, se acotan tres grandes etapas: 1) su publicación en revistas científicas, con lo que llegará a otros colegas, 2) su comunicación periodística y posterior cobertura por los medios, fundamentalmente a través de la labor de los gabinetes de los agentes del Sistema Español de Ciencia, Tecnología e Innovación, con lo que llega al público que se informa a través de los medios y 3) su difusión a la sociedad como parte de su oferta de ocio a través de múltiples formatos de actividades: más clásicos o más innovadores.

Palabras claves

Proyecto, Investigación, Resultado, Sociedad

1. Introducción: la investigación científica y sus resultados

La investigación es una indagación original y planificada que persigue descubrir nuevos conocimientos y una superior comprensión en el ámbito científico y tecnológico (AENOR, 2006). Se desarrolla, fundamentalmente, mediante proyectos de investigación y contratos con empresas.

La norma UNE 166001 define a un proyecto de investigación como "un proceso único formado por un conjunto de actividades coordinadas, con un conjunto de recursos humanos y no humanos y contratadas con una fecha de fin para cumplir un determinado objetivo conforme a unos requisitos, plazos y costes". Identifica cinco grandes fases en un proyecto de investigación: 1) identificación, 2) diseño, 3) ejecución, 4) evaluación y 5) control.

Un contrato de investigación con una empresa es un acuerdo de voluntades entre un agente del Sistema Español de Ciencia, Tecnología e Innovación, como por ejemplo un organismo público de investigación, y una compañía privada para desarrollar una investigación acerca de algún aspecto de interés de la entidad.

Tanto los proyectos como los contratos tienen uno o dos investigadores principales, que son quienes lideran la investigación, un equipo de investigación y otro de trabajo.

La Ley 14/2011, de 1 de junio, de la Ciencia, la Tecnología y la Innovación, cuyo antecedente data de 1986, señala que entre los deberes del personal investigador está "difundir los resultados de sus investigaciones y procurar que su labor sea relevante para la sociedad". En el título III, "Impulso de la investigación científica y técnica, la innovación, la transferencia, la difusión y la cultura científica, tecnológica e innovadora" dedica el artículo 37 a "Difusión en acceso abierto" y establece que:

Los agentes públicos del Sistema Español de Ciencia, Tecnología e Innovación impulsarán el desarrollo de repositorios, propios o compartidos, de acceso abierto a las publicaciones de su personal de investigación y establecerán un sistema que permita conectarlos con iniciativas similares de ámbito nacional e internacional.

El personal de investigación cuya actividad investigadora esté financiada mayoritariamente con fondos de los Presupuestos Generales del Estado hará pública una versión final de los contenidos que hayan sido aceptados para su publicación, tan pronto como sea posible, pero no más tarde después de la fecha oficial de publicación.

Por tanto, una vez concluye una investigación y se dispone de sus resultados se puede afirmar que el proyecto no termina, sino que inicia una nueva fase:

la difusión de sus resultados. Ésta puede y debe realizarse tanto en el ámbito de la comunicación interna, es decir, entre los colegas, como externa, es decir, hacia la sociedad.

2. Objetivos generales y específicos

En este contexto se pretende acometer un estudio exploratorio-descriptivo en el que se presente y analice el ciclo de vida de los resultados de un proyecto de I+D+i desde que se generan hasta que se llegan a la sociedad.

Los objetivos específicos son:

1. Identificar las diferentes fases en el ciclo de vida de un resultado de investigación

2. Establecer las diferentes vías para difundir los resultados de investigación a los diferentes públicos objetivo

3. Metodología

Tomando como referencia lo contemplado en la norma UNE 166.001, en la Ley 14/2011, en el Plan Estatal de Investigación Científica y Técnica 2017-2020 y en la Guía del Participante de H2020 y en el Reglamento 1290/2013, del Parlamento Europeo y del Consejo, de 11 de diciembre de 2013, por el que se establecen las normas de participación y difusión aplicables a H2020 se propondrán tanto las diferentes fases de un resultado de investigación como las diferentes vías para darlo a conocer al público no especializado.

Se toman como referencia los resultados de proyectos de investigación obtenidos en el marco de convocatorias de concurrencia competitiva a las que se presentan los miembros de los agentes del Sistema Español de Ciencia, Tecnología e Investigación: desde las universidades públicas a los organismos públicos de investigación.

4. Resultados

4.1. El ciclo de vida de un resultado de investigación

Un resultado de investigación es el fin último de toda iniciativa planteada por un grupo de investigación. Con dicho resultado el grupo busca cumplir los objetivos con los que se inicia la investigación, dar continuidad a sus líneas de trabajo, incrementar el conocimiento científico (investigación básica) y/o hacerlo con vistas a su aplicación (investigación aplicada).

La primera etapa en su ciclo de vida se inicia en el momento en el que el grupo decide diseñar un proyecto y seleccionar una convocatoria para obtener financiación con la que llevarlo a cabo.

En España hay, en estos momentos, dos vías fundamentales para obtener financiación pública para actividades de I+D+i: una estatal y otra europea.

Por una parte, el Plan Estatal de Investigación Científica, Técnica y de Innovación. Desde el 29 de diciembre de 2017 está vigente el que comprende el período 2017-2020. Es el principal instrumento de la Administración General del Estado para el desarrollo y consecución de los objetivos de la Estrategia Española de Ciencia y Tecnología y de Innovación 2013-2020 y de la Estrategia Europa 2020. Incluye las ayudas estatales destinadas a la I+D+i que se otorgan, preferentemente, a través de convocatorias en régimen de concurrencia competitiva.

Está integrado por cuatro programas estatales que se corresponden con los objetivos generales establecidos en la Estrategia Española de Ciencia y Tecnología y de Innovación 2013-2020: promoción del talento y su empleabilidad, generación de conocimiento y fortalecimiento del sistema, liderazgo empresarial en I+D+i e I+D+i orientada a los retos de la sociedad.

Dentro del Plan, hay dos convocatorias fundamentales para proyectos: "Excelencia" y "Retos".

La convocatoria de "Excelencia" pretende promover la ejecución de proyectos de investigación consistentes en trabajos experimentales o teóricos emprendidos con el objetivo primordial de adquirir nuevos conocimientos acerca de los fundamentos subyacentes de los fenómenos y hechos observables, aunque no existan perspectivas inmediatas de aplicación práctica y directa, y deben suponer un avance importante en el ámbito en el que se encuadren.

La convocatoria de "Retos" tiene como finalidad promover la generación de conocimiento científico orientado a la búsqueda de soluciones a los problemas presentados en los retos de la sociedad identificados en la Estrategia Española de Ciencia y Tecnología y de Innovación y en el Plan Estatal de Investigación Científica y Técnica y de Innovación, mediante investigación de calidad, evidenciada tanto por su contribución a la solución de los problemas sociales, económicos y tecnológicos como por la publicación de sus resultados en foros de alto impacto científico y tecnológico o la internacionalización de las actividades.

Por otra parte, el programa marco H2020. Financia proyectos de investigación e innovación de diversas áreas temáticas en el contexto europeo, contando con casi 80.000 millones de euros para el periodo 2014-2020. Integra por primera vez todas las fases desde la generación del conocimiento hasta las actividades más próximas al mercado: investigación básica, desarrollo de tecnologías, proyectos de demostración, líneas piloto de fabricación, innovación social, transferencia de tecnología, pruebas de concepto, normalización, apoyo a las compras públicas pre-comerciales, capital riesgo y sistema de garantías.

Consta de tres pilares: Ciencia Excelente, Liderazgo Industrial y Retos Sociales.

Una vez decidida la convocatoria, es importante consultar sus bases reguladoras, publicadas en el Boletín Oficial del Estado, la Guía del Participante de H2020 y el Reglamento 1290/2013, del Parlamento Europeo y del Consejo, de 11 de diciembre de 2013, por el que se establecen las normas de participación y difusión aplicables a H2020. En la consulta de estos documentos conviene prestar especial atención a lo que contemplan en relación con los resultados que se prevén alcanzar y a los criterios de evaluación de la solicitud.

En el caso del Plan Estatal se tiene en consideración: 1) calidad científico-técnica, relevancia y viabilidad de la propuesta, 2) calidad, trayectoria y adecuación del equipo investigador y 3) impacto científico-técnico o internacional de la propuesta. Este último punto incluye los planes de difusión.

En el caso de H2020 se especifica el concepto de difusión -divulgación pública de los resultados por cualquier medio apropiado (que no sea consecuencia de la protección o explotación de los resultados), incluida la publicación científica en cualquier medio- y de resultado -todo producto tangible o intangible de la acción, tales como datos, conocimientos e informaciones, obtenidos en la acción, cualquiera sea su forma o naturaleza, tanto si pueden o no ser protegidos, así como todo derecho derivado, incluidos los derechos de propiedad intelectual-.

En este programa los criterios de evaluación son: 1) excelencia, 2) impacto y 3) calidad y eficacia de la ejecución. Por tanto, de nuevo se pide un plan de difusión.

En H2020 se señala específicamente que los resultados serán propiedad del participante que los haya obtenido y en lo que atañe a la difusión de datos de investigación se indica que:

"El acuerdo de subvención podrá, en el contexto del libre acceso y la preservación de los datos de investigación, establecer los términos y condiciones en que se facilite el libre acceso a dichos resultados, en particular en las «fronteras del conocimiento» del CEI y en tecnologías futuras y emergentes o en otros ámbitos apropiados, teniendo en cuenta los intereses legítimos de los participantes y cualquier restricción derivada de las normas de protección de la propiedad intelectual o de las normas de seguridad. En tal caso, el programa de trabajo o plan de trabajo deberán indicar si es necesaria la difusión de datos de investigación a través del libre acceso. Cualquier actividad de difusión se notificará previamente a los demás participantes. Tras la notificación, los participantes podrán presentar objeciones si demuestran que sus intereses legítimos relacionados con sus resultados o conocimientos previos resultarían perjudicados de forma importante por la difusión prevista. En tales casos, la actividad de difusión no podrá realizarse a menos que se tomen las medidas adecuadas para salvaguardar dichos intereses legítimos. El acuerdo de subvención establecerá los plazos correspondientes".

Una vez seleccionada la convocatoria, la siguiente decisión del grupo de investigación es la de si la investigación la realizará en solitario o con la participación de otros grupos de investigación, bien de la entidad a la que está adscrito el grupo bien de otras, bien nacional o internacional. Es decir, si se constituye un consorcio para llevar a cabo la investigación.

Tras definir el equipo con el que se llevará a cabo la investigación, es el momento de redactar la memoria con la que se presentará a la convocatoria. Los puntos a incluir en la memoria, que sigue un modelo estándar, deben figurar en las bases y/o convocatoria específica. En esa memoria debe quedar claro quién es el investigador principal, si el proyecto es novedoso, si da continuidad a otros proyectos liderados por el grupo, cuál es el estado de la cuestión, la estructura de descomposición del trabajo... Ésta se presenta a través de la aplicación Facilit@ (Plan Estatal) o del Portal del Participante (H2020).

En dicha memoria es fundamental dejar claro cuáles son los resultados de investigación, tangibles o intangibles, que se esperan obtener y qué medidas se contemplan para su protección, en el caso de ser transferibles, y para su difusión.

Es recomendable que si la entidad cuenta con unidades especializadas en la transferencia de tecnología y en la comunicación y divulgación científica el grupo se dirija a ellas desde el inicio de la iniciativa para que dichos apartados en la memoria vayan planteados por los profesionales de cada bloque y para mantener desde ese momento un contacto permanente.

Una vez presentada la memoria, el grupo tendrá que esperar a la resolución de la convocatoria para conocer si ha obtenido o no financiación para iniciar la iniciativa. En caso de que la resolución definitiva sea favorable, se inicia la investigación con el fin último de alcanzar los resultados ambicionados.

El ciclo de vida del resultado, por tanto, tiene una segunda gran etapa con el inicio de la investigación. A lo largo de la misma se pueden ir obteniendo resultados preliminares que pueden irse difundiendo a través de notas de prensa, ruedas de prensa, congresos, jornadas...

En todos esos resultados preliminares hay que tener presente la prudencia, la cautela, de no hacer públicos aquellos que puedan ser objeto de transferencia. Por ejemplo, en caso de obtener algún resultado que pueda ser solicitado para una patente no se puede hacer público por ninguna vía. La Ley 24/2015, de 24 de julio, de patentes, las define como invenciones que cumplen tres requisitos: ser nuevas, implicar actividad inventiva y no estar comprendidas en el estado de la técnica. Uno de los requisitos, por tanto, no se cumpliría si se hizo público antes de su solicitud a la Oficina Española de Patentes y Marcas.

La tercera etapa en su ciclo de vida se produce con la conclusión de la investigación. Es ahí cuando se sabrá si se han alcanzado o no los resultados esperados y cuándo se exploran y llevan a su máxima expresión las vías para darlos a conocer dos grandes grupos: la comunidad investigadora y la sociedad.

4.2. Las vías para difundir el resultado de investigación

Tres son, a nuestro parecer, las principales vías a las que se puede recurrir para socializar los resultados de un proyecto de investigación financiado en convocatorias de concurrencia competitiva, tal y como se ha venido avanzando. En todas esas vías hay que hacer alusión a la entidad financiadora.

4.2.1. Las revistas científicas y académicas

La ciencia se basa en colaborar, en compartir conocimientos. Es fundamental la publicación de esos conocimientos para dar a conocer los avances científicos entre otros colegas, lo que a su vez abrirá nuevas líneas de investigación y nuevas investigaciones.

Los resultados de las investigaciones se publican en revistas académicas especializadas en las diferentes áreas del conocimiento. Un ejemplo muy conocido por su relevancia son *Science* o *Nature*, pero hay muchas más, en todas las áreas y en todos los campos del conocimiento.

Una de las primeras decisiones del grupo cuando tenga resultados, sean finales y se puedan difundir por no estar sometidos a procesos de protección, es la de seleccionar la revista en la que publicarlos. Para ello hay que tener presente si la revista está o no indexadas, la base de datos, si cuenta o no con el sello de calidad de la Fundación Española para la Ciencia y la Tecnología (FECYT) y evitar, naturalmente, las revistas predadoras. Hay, también, que prestar especial atención a Web of Science y SCOPUS:

La Web Of Science es una plataforma basada en tecnología Web que recoge las referencias de las principales publicaciones científicas de cualquier disciplina del conocimiento, tanto científico como tecnológico, humanístico y sociológicos desde 1945, esenciales para el apoyo a la investigación y para el reconocimiento de los esfuerzos y avances realizados por la comunidad científica y tecnológica.

Scopus es una base de datos de referencias bibliográficas y citas. Es accesible vía Web para los suscriptores. Es propiedad de la empresa Elsevier que contiene 18.000 revistas publicadas por más de 5000 editores internacionales. Tiene una cobertura desde 1996 e incluye patentes y web sites integradas, así como dos métricas de factor de impacto de la investigación como son Scimago Journal Rank (SCR) y SNIP (Source-normalized impact Paper) de la Universidad de Leyden.

La publicación de artículos en revistas científicas es clave para obtener méritos curriculares y promocionar en la carrera investigadora. Por ello, los investigadores deben esforzarse en publicar aportaciones relevantes y novedosas para el conocimiento, deben hacerlo cuando hay resultados fiables y contrastados, preferentemente en revistas con buenos factores de impacto y generalmente siguiendo en el artículo la estructura "IMRyD": Introducción, Metodología, Resultados y Discusión.

El artículo irá firmado por todos los investigadores que hayan participado en el trabajo y entre ellos consensuarán el orden de aparición. Incluirá las referencias bibliográficas que se han consultado para iniciar y desarrollar la investigación siguiendo, generalmente, la normativa APA.

El procedimiento de publicación de un artículo en una revista sigue las siguientes fases: 1) selección de la revista, 2) redacción y consenso por todos los firmantes, 3) adecuación del artículo a las normas de la revista, 4) subida a la plataforma de la revista, 5) evaluación (ciego, doble ciego, abierto) y 6) respuesta (rechazo, aceptado con cambios o aceptado sin cambios).

Si el artículo se enmarca en una investigación financiada con fondos públicos hay que atenerse a la difusión en acceso abierto y subirlo a repositorios institucionales. Cabe citar, por ejemplo, RECOLECTA o Recolector de Ciencia Abierta, plataforma que agrupa a todos los repositorios científicos nacionales y que provee de servicios a los gestores de repositorios, a los investigadores y a los agentes implicados en la elaboración de políticas (decisores públicos) Nace fruto de la colaboración, desde 2007, entre La FECYT y la Red de Bibliotecas Universitarias de la Conferencia de Rectores de las Universidades Españolas con el objetivo de crear una infraestructura nacional de repositorios científicos de acceso abierto.

Como se ha dicho, la publicación de artículos en los que se dé cuenta de los resultados de investigación es clave en pleno siglo XXI. No obstante, en la actualidad también es necesario ampliar el foco y comunicarlos más allá que en este tipo de revistas a las que no llega el público general. Es ahí cuando entran en juego los medios de comunicación y las actividades para el público no especializado.

4. 2.2. Los medios de comunicación

Los medios de comunicación se consideran el cuarto poder tras el ejecutivo, legislativo y judicial. De hecho, se dice que "Lo que no está en los medios, no existe".

Cuando se inicia, desarrolla y concluye un proyecto de investigación hay que valorar si los resultados a los que se espera llegar son o no susceptibles de difusión a los medios de comunicación. En caso de serlo, hay que decidir, en base a criterios profesionales, cuándo es el momento oportuno y cómo debe hacerse. El protocolo adecuado sería que el organismo contase con un departamento de comunicación, en permanente contacto con el personal investigador, y que éste le informase periódicamente de los resultados de la investigación para, en base a criterios profesionales, tomar las decisiones oportunas.

Un primer aspecto a tener en cuenta es la noticiabilidad, entendida por Ramírez (1995: 39) como "un conjunto de elementos que intervienen en la definición del hecho noticioso", mientras que Martínez (1983: 40) lo define como "un hecho verdadero, inédito y actual que se comunica a un público que se considera masivo una vez que ha sido recogido, interpretado y valorado por los sujetos promotores que controlan el medio para su difusión". Según Fontcuberta (2011), "el tiempo es el elemento básico para distinguir la noticia de otras informaciones. El acontecimiento periodístico tiene como base de su existencia la actualidad: cuanto más inmediata, mejor".

Partiendo de Galtung y Ruge (1973) e incorporando diversas aportaciones de la periodística, Túñez (1999: 95) enumera los valores noticia a los que se otorga mayor peso en el proceso de selección: actualidad, cantidad de personas implicadas en el acontecimiento, frecuencia, grado de nivel jerárquico de los sujetos implicados, novedad, proximidad, proyección, consecuencias y relevancia. Por tanto, si desde el departamento de comunicación se considera que los resultados del proyecto son noticiables y reúnen los valores noticia se iniciará el proceso de su difusión a medios. Una vez que se ha decidido comunicar el resultado a los medios de comunicación, hay que tomar otra decisión: si se va a transmitir a través de una nota de prensa o de una rueda de prensa.

Una nota de prensa es una declaración escrita (en el caso de la prensa) o realizada en soporte magnético (radio/TV) sobre una cuestión concreta de interés general que envían las fuentes informativas a los medios de difusión. Debe estar redactada conforme a criterios periodísticos y por tanto ser breve, concisa y clara; abordar temas interesantes y de actualidad; tener una presentación correcta; enviarse a todos los medios y tener en cuenta sus especificidades. Desde su origen en la segunda mitad del siglo XIX, cuando el modelo de agencia de prensa estaba en su apogeo y el de información pública se estaba desarrollando (Grunig & Hunt, 2003), es de los instrumentos más utilizados por el gabinete de comunicación.

Una rueda de prensa es una reunión convocada por una fuente informativa para dar cuenta de una determinada información a los medios de comunicación. Tras la rueda de prensa se facilitará a los medios la correspondiente nota de prensa. Ésta debe estar justificada. Se optará por ella para dar cuenta del inicio del proyecto, de hitos durante el mismo y de los resultados finales. Se acordará con el equipo de investigación quién interviene en la rueda de prensa. Generalmente, será adecuado que intervenga un representante institucional, el investigador principal del proyecto y algún miembro del equipo para explicar algún tema científico-técnico específico.

Tanto con la nota de prensa como con la rueda de prensa se intentará acercar la información de los resultados, en tono periodístico y manteniendo el rigor científico, al mayor número de medios, tanto de información general como especializado, y a todos los soportes: prensa, radio, televisión e Internet.

La información podrá ser objeto de difusión mediática con diferentes géneros periodísticos: noticia, entrevista, reportaje, columna de opinión, editorial, etc.

4.2.3. Las actividades para el público no especializado

De nuevo, cuando se inicia, desarrolla y concluye un proyecto de investigación hay que valorar si los resultados a los que se espera llegar son o no susceptibles de difusión al público no especializado. En caso de serlo, hay que decidir, en base a criterios profesionales, cuándo es el momento oportuno, cómo debe hacerse y qué formatos están a nuestra disposición para ello.

El protocolo adecuado sería que el organismo contase con un departamento especializado en divulgación científica, en permanente contacto con el personal investigador, y que éste le informase periódicamente de los resultados de la investigación para, en base a criterios profesionales, tomar las decisiones oportunas.

En primer lugar, hay que valorar si los resultados de investigación son o no susceptibles de difusión a la sociedad y dentro de la misma a qué grupos.

Se considerará que son susceptibles, sobre todo, si su contenido es de interés general o puede adaptarse al nivel de conocimiento científico-técnico de los grupos destinatarios.

Los grupos a los que se dirigirían la acción se pueden acotar teniendo en cuenta varios criterios.

El primero, la edad: infantil, escolar, juvenil o adulto.

El segundo, muy relacionado con el anterior, el nivel de estudios de los destinatarios: primarios incompletos o menores, enseñanza primaria, enseñanza secundaria (1º ciclo), enseñanza secundaria (2º ciclo) y enseñanza universitaria.

EL tercero, la actitud que, se presupone, tienen los destinatarios respecto a la I+D+i: interesados o no interesados.

A la hora de escoger el púbico al que se dirija la acción es oportuno tener en cuenta los resultados de las diferentes ediciones de las Encuestas de Percepción Social de la Ciencia y la Tecnología, que elabora con periodicidad bienal desde 2002 la FECYT. Se trata de un estudio cuantitativo a través de entrevistas personales domiciliarias. Se dirige a la población española o residentes en España durante cinco años o más, de ambos sexos, y con edades a partir de 18 años.

En su última edición (FECYT, 2017), para la cual se realizaron más de 6.300 entrevistas, se puso de relieve que el interés espontáneo por la I+D+i en España pasó del 6,9% en 2014 al 16,3% en 2016; que la principal razón por la que no se tiene interés por la I+D+i en España es "porque no se entiende" o que los científicos son la segunda profesión mejor valorada en este país después de los médicos.

En segundo lugar, se pasará a diseñar, en consenso con el equipo de investigación, el tipo de acción a través de la cual se difundirán los resultados.

En algunos casos, puede valorarse pedir financiación adicional para su celebración. Una vía destacada para ello en España es la Convocatoria de ayudas para el fomento de la cultura científica, tecnológica y de la innovación, que lanza anualmente desde 2007 la FECYT.

El procedimiento de concesión de esta convocatoria es con sujeción a los principios de publicidad, transparencia, concurrencia, objetividad, igualdad, eficiencia y eficacia en su gestión y no discriminación, de conformidad con lo dispuesto por la Ley 38/2003 de 17 de noviembre, General de Subvenciones. Se conceden ayudas al fomento de la cultura científica, tecnológica y de la innovación, que se desarrollan a través de las siguientes líneas de actuación: 1) cultura científica, tecnológica y de la innovación, 2) educación y vocaciones científicas y 3) redes de comunicación y divulgación de la ciencia y la innovación.

Cinco son sus principales objetivos: 1) incrementar la cultura científica, tecnológica e innovadora de la sociedad española, 2) incrementar la difusión de los resultados de investigación científico-técnica y de la innovación financiados con fondos públicos, 3) fomentar e incentivar el acercamiento de la ciencia, la tecnología y la innovación a los ciudadanos acortando distancias entre el mundo científico y tecnológico y la sociedad en general, 4) mejorar la educación científico–técnica de la sociedad en todos los niveles y 5) impulsar la participación activa de la sociedad en actividades de divulgación científica.

Pueden presentarse a la convocatoria personas jurídicas (organismos públicos de investigación, universidades, centros públicos de investigación) y físicas. En caso de obtener financiación, el beneficiario deberá, entre otras obligaciones, hacer alusión en las acciones a la financiación por parte de la FECYT.

En tercer lugar, una vez elegido el público y decidido si se pide o no financiación pública para la acción, es el momento de decidir por qué tipo de actividad se va a optar (con un formato más clásico o más innovador), dónde se va a realizar (en el centro de investigación, en un lugar público, en un centro de enseñanza...) y cuándo (generalmente, en el marco de la Semana de la Ciencia o fuera de dicha conmemoración).

Entre los tipos de actividades a disposición de una entidad para difundir los resultados de un proyecto ejecutado por un grupo de investigación figuran:

1. Ciclos de conferencias
2. Documentales científicos
3. Obras de teatro
4. Certámenes: relatos, dibujo, fotografía...
5. Exposiciones
6. Publicaciones divulgativas
7. Juegos divulgativos
8. Paneles

La innovación en el diseño y en la ejecución de nuevos tipos de actividades para divulgar la I+D+i al público no especializado está en auge. En eventos como las Jornadas de Divulgación Innovadora, cuya primera edición tuvo lugar en 2013, se da cuenta de los más novedosos caminos, enfoques y formatos para contar la ciencia y la tecnología. Entre ellos, cabe citar:

1. Concursos de monólogos
2. Charlas informales en cafeterías
3. Catas científicas
4. Showcookings
5. Aplicaciones para móviles

5. Discusión y conclusiones

Cuando se dispone de los resultados de una investigación y se ha dado respuestas a las preguntas de investigación, surgen nuevas preguntas: ¿Hay que comunicarlo al público especializado? ¿Y al no especializado? ¿Por qué? ¿Quién y cómo? ¿Dónde y cuándo?

En general, deben comunicarse los resultados obtenidos en el marco de convocatorias financiadas por entidades públicas. Entre otros motivos, para dar cuenta de en qué se emplean los fondos públicos, para hacer partícipe tanto al público especializado como no especializado de los avances científicos y tecnológicos y para alfabetizar e incrementar la cultura en I+D+i.

Es fundamental que desde las instituciones se promueva y fomente entre su personal la "cultura de la difusión de resultados al público no especializado", estableciendo un protocolo que debe seguir el grupo de investigación y poniendo a su disposición recursos humanos estables y especializados en esta labor. Esos recursos humanos establecerán, en línea y consonancia con los investigadores, qué comunicar y cuándo.

6. Referencias bibliográficas

AENOR (2006). Norma UNE 166001. Gestión de la I+D+i: Requisitos de un proyecto de I+D+i. Recuperado el 10 de noviembre de 2017. Disponible http://www.aenor.es/aenor/normas/normas/fichanorma.asp?tipo=N&codigo=N0036137#.WyzcC6ozYdU

Fontcuberta, M. (2011). La noticia. Pistas para percibir el mundo. 1º edición revisada y ampliada. Barcelona: Paidós.

Fundación Española para la Ciencia y la Tecnología (2017). Percepción Social de la Ciencia y la Tecnología en España. Madrid: FECYT. Recuperado https://www.fecyt.es/es/publicacion/percepcion-social-de-la-ciencia-y-la-tecnologia-en-espana-2016

Galtung, J. y Ruge, MH. (1973). Structuring and selecting news. En Cohen & Young, The manufacture of news: Social Problems, Deviance and the mass media. Londres, Constable.

Grunig J.E. y Hunt, T. (2003). Dirección de relaciones públicas. Barcelona: Gestión 2000.

Guía del Participante en H2020. Recuperado http://eshorizonte2020.cdti.es/index.asp?TR=A&IDR=1&iddocumento=4555

Ley 38/2003, de 17 de noviembre, general de subvenciones. Boletín Oficial del Estado. Madrid, 18 de noviembre, número 276, pp. 40505 a 40532. Recuperado el 1 de octubre de 2017 desde https://www.boe.es/buscar/doc.php?id=BOE-A-2003-20977

Ley 14/2011, de 1 de junio, de la ciencia, la tecnología y la innovación. Boletín Oficial del Estado. Madrid, 2 de junio de 2011, número 131, pp. 54387-54455. https://www.boe.es/boe/dias/2011/06/02/pdfs/BOE-A-2011-9617.pdf

Ley 24/2015, de 24 de julio, de patentes. Boletín Oficial del Estado. Madrid, 25 de julio de 2015, número 177, pp. 62765 a 62854. https://www.boe.es/boe/dias/2015/07/25/pdfs/BOE-A-2015-8328.pdf

Martínez Albertos, JL. (1983). Curso general de redacción periodística. Barcelona: Mitre.

Plan Estatal de Investigación Científica y Técnica 2017-2020.
    http://www.idi.mineco.gob.es/stfls/MICINN/Prensa/FICHE-
    ROS/2018/PlanEstatalIDI.pdf

Ramírez, T. (1995). Gabinetes de Comunicación. Funciones, disfunciones
    e incidencia. Barcelona: Bosch Comunicación.

Túñez, M. (1999). Producir noticias. Cómo se fabrica la realidad periodís-
    tica. Santiago de Compostela: Tórculo.

Capítulo III

ACERCAMIENTO TEÓRICO A LOS FACTORES DE DIVULGACIÓN CIENTÍFICA DE LOS TRATAMIENTOS CON CÉLULAS MADRE AUTÓLOGAS EN GUAYAQUIL

MSc. Dennis Steve Chang Pappe
Universidad Politécnica Salesiana, Ecuador
MSc. Juana Katiusca Flores Peralta
Universidad Politécnica Salesiana, Ecuador

Resumen

La investigación hace un acercamiento teórico hacia los factores que influyen en la divulgación científica de tratamientos con células madre autólogas en la ciudad de Guayaquil del periodo 2010-2012. Existen factores que producen el desinterés y la escasa difusión por parte de investigadores, médicos, periodistas y sociedad civil, haciendo que este tipo de temas se mantengan en la clandestinidad. Los objetivos del estudio están orientados al análisis de información primaria y secundaria del caso, a identificar los factores que influyen en la escasa divulgación científica y describir el nivel de difusión de los tratamientos con células madre autólogas en medios ecuatorianos. El trabajo consta de dos fases. En la primera fase se realiza un acercamiento teórico hacia los diversos conceptos y posturas del tema en cuestión. Mediante un recuento histórico lógico del caso se aplicó la revisión y análisis de fuentes de información primarias y secundarias, para ahondar en la problemática e identificar una serie de factores que influyen en la escasa divulgación científica. En la segunda fase se generó una tabla de involucrados para obtener datos e información mediante un enfoque mixto cuali-cuantitativo con la finalidad de identificar y esclarecer qué grupos u organizaciones están directa o indirectamente involucrados en el problema. El trabajo servirá de consulta a investigadores, maestros, estudiantes y comunicadores, de tal forma que sume al horizonte a seguir en el tratamiento de la información del tema de divulgación científica estudiado. Como resultado de este estudio, se aportan algunos datos esenciales sobre el nivel de difusión y la evolución de los tratamientos con células madre autólogas en la ciudad de Guayaquil.

Palabras claves

células madre, divulgación científica, comunicación de la ciencia, medios, medicina regenerativa.

1. Introducción y justificación

La sociedad, en la actualidad, demanda información confiable en todas sus manifestaciones; su difusión se constituye en una necesidad y en un problema a la vez, porque a pesar de su importancia crítica e investigativa, temas como el tratamiento para enfermedades degenerativas con células madre autólogas, no tienen un adecuado tratamiento y difusión. No hay duda de que el comunicar o difundir públicamente los resultados y logros de investigadores y científicos debe constituirse en una gran responsabilidad. En relación con la divulgación e investigación científica, García y Fernández (2011) afirman:

> La investigación científica no tiene razón de ser si no se difunde entre las distintas comunidades científicas y si no se divulga entre las personas con conocimientos no tan especializados, pero inquietas y con interés por los avances en la sociedad que le ha tocado vivir. (p. 7)

Históricamente se debe recordar que las primeras sociedades científicas no tardan en aparecer y se funda la Academia de Ciencias de Francia en 1666. Por lo difícil que resultaba decodificar la nueva ciencia basada en la lógica matemática, y con un lenguaje abstracto muy difícil de comprender para quien desconoce sus fundamentos, nace la necesidad de un lenguaje de fácil entendimiento, que permita dar a conocer los resultados de la ciencia a la gente común. Así empiezan las primeras propuestas de un lenguaje divulgativo accesible.

Los libros divulgativos de diversas ciencias empiezan a ser editados a finales del siglo XVII. Dirigidos específicamente a la aristocracia, finalmente son utilizados en la formación de jóvenes. En el siglo XVIII, Voltaire es considerado uno de los divulgadores más destacados. El nacimiento de la Ciencia Moderna trae consigo el planteamiento basado en la búsqueda de la verdad en beneficio de la sociedad. Las investigaciones científicas cuentan con el respaldo de los Estados, y gracias a diferentes descubrimientos, la divulgación alcanza momentos esplendorosos.

La relación entre prensa y ciencia adquiere notables cambios. Desde entonces es la prensa quien se empeña en la búsqueda de información científica, la decodifica y se la entrega al público. Eso conlleva a buscar una efectiva vía de comunicación para dar a conocer temas científicos, mucho más, cuando se está consciente de la influencia directa que tiene la información en la toma de decisiones de las colectividades. Por tal motivo en el campo de la comunicación de la ciencia Stephen Hilgartner (1990) citado por Vanina y López (2012, p. 273) revela que [...] En una primera instancia los científicos desarrollan los conocimientos que serán divulgados en una segunda instancia al público en general.

A nivel mundial, los avances tecnológicos y científicos se vienen desarrollando de forma vertiginosa, y el campo de la medicina regenerativa no es la excepción, enfermedades cardiacas, diabetes, leucemia, sordera, artrosis, entre otras, se encuentran en fase de estudio y aplicación, como es el caso de las células madre (CM) para salvar vidas. Por ello, Barquinero, Pellicer, y Pétriz (2005), indican que "en su definición clásica, las CM son las que tienen el potencial para generar células maduras de distintos linajes a la vez que se autorrenuevan". (p .770). Sobre la evolución científica y tecnológica Toffler (1995) menciona que "la aceleración de la difusión, el carácter auto-impulsor del avance tecnológico, cada uno de cuyos pasos facilita no uno, sino otros muchos pasos complementarios, la íntima relación entre la tecnología y los ajustes sociales" (p. 304) son vitales en el desarrollo de una sociedad del conocimiento.

De ahí que parte que los medios de comunicación internacionales como la BBC, ABC, CNN, entre otros, difundan diferentes casos que están siendo investigados por científicos del área médica. Por tanto, "los medios de comunicación, no solo la prensa sino también la radio y la televisión, se han convertido en instrumentos fundamentales para la transmisión del conocimiento científico y médico al público" (Bruguera, 2010, p. 151), teniendo presente que comunicar, divulgar o difundir públicamente los resultados y logros de investigadores y científicos, se constituye en un aporte a la sociedad. En consecuencia, al proceso comunicativo, divulgativo e investigativo, María de los Ángeles Pesántez, investigadora ecuatoriana, afirma que:

> La divulgación ha ganado espacios en los diferentes medios informativos, pero falta mucho por hacer. Es necesario que científicos, los comunicadores y los divulgadores utilicen los escenarios de los medios masivos de comunicación, donde se requiere escribir y hablar sobre temas de interés. Esto significa para la sociedad resolver sus dudas y aplicar los nuevos conocimientos a la solución de sus problemas, y, para el divulgador, la oportunidad deseada, siempre y cuando se explique satisfactoriamente el hecho o fenómeno con respeto a la verdad y al público. (Pesántez y Ángeles, 2007, p. 11)

La investigación realizada inicia con un recuento histórico de los hechos suscitados en la ciudad de Guayaquil, con casos como los encontrados en el Hospital Luis Vernaza, OMNI Hospital, Hospital Alcívar, entre otros centros médicos, que aproximadamente a partir del año 2004, empezaron a tomar en consideración a la medicina regenerativa con células madre autólogas, como una opción de salud. El espacio que ocupa la divulgación de la medicina regenerativa con Células Madre Autólogas en la ciudad de Guayaquil es muy limitado; creemos que, esta situación debe a la etapa experimental, en la cual se encuentra esta medicina. E

En 1962, con el propósito de contribuir a su proyecto de tesis y obtener el título de Doctorado en la Facultad de Medicina de la Universidad Estatal de

Guayaquil, el Dr. Raúl Soria Calderón inició los primeros estudios e investigaciones sobre células aplicada en conejos. Posteriormente, y una vez finalizado el proyecto de investigación sobre células, éste fue archivado para continuar su carrera en el extranjero y en un futuro contribuir en la Medicina regenerativa con Células Madre Autólogas de Guayaquil. Por ello, se considera al Dr. Soria como el pionero.

El 10 de Julio del 2006, se creó el primer banco de células madre "Neocells", en la ciudad de Guayaquil. Orientado a la prestación de servicios de almacenamiento de células obtenidas de la sangre remanente en el cordón umbilical (placenta), una vez ocurrido el parto, para fines médicos en casos de leucemia.

El 6 de diciembre del 2006, en contribución a la sociedad Diario El Universo, informó sobre "Inscripciones para cirugía con células madre". En este espacio, se invitaba a la población a ser partícipe de un programa de cirugías de implante de células madre. Los interesados, debían llamar y de esa forma quedar inscritos en el programa. Pero el anuncio no revelaba más información, lo cual significaría una desventaja para quienes se interesarían en el tema.

Para dar a conocer un poco más, acerca de los beneficios de las células madre. El 12 de noviembre del 2008, la Universidad Católica Santiago de Guayaquil, realizó un foro, en el mismo, expusieron especialistas de los hospitales Luis Vernaza y de la Sociedad de Lucha Contra el Cáncer (SOLCA).

El 14 noviembre del 2008, fue publicado en Diario El Telégrafo un artículo como tema del Día, acerca de tres significativos proyectos de investigación de células madre óseas y umbilicales, impulsados por Hospitales Guayaquileños. El interés de estos proyectos radicaba en la necesidad de Bancos Públicos de células madre.

El Dr. Mario Izurieta, en calidad de Neurocirujano del Hospital Luis Vernaza y Hospital Alcívar de Guayaquil. Es quien se encuentra al frente de las múltiples investigaciones con células madre que vienen realizándose desde hace varios años en estos Hospitales. El Dr. Izurieta, a partir del 2007 mantiene en la web a disposición de todos, un sitio nombrado marioizurieta.com, en donde se puede encontrar información acerca de los avances en cuanto a tratamientos con células madre. El 12 de noviembre del 2008, la Universidad Católica Santiago de Guayaquil, realizó un foro. En el mismo, expusieron especialistas de los hospitales Vernaza y de la Sociedad de Lucha Contra el Cáncer (Solca). Ya que, ellos también se encontraban realizando investigaciones con Células madre óseas.

Sin embargo, existen factores que hacen que se produzca desinterés y escasa difusión por parte de investigadores, médicos, periodistas y sociedad civil, haciendo que este tipo de temas se mantengan en la clandestinidad.

Es de ahí que Reeves, Rosnay, Coppens y Simonnet expresan que "gran cantidad de dificultades de nuestro siglo proviene de que hay mucha población que solo posee una información muy reducida sobre el mundo." (Como se citó en Manuel Calvo Hernando, 2001).

Como resultado de esta investigación, se aportan algunos datos esenciales sobre la evolución de los tratamientos con células madre autólogas en la ciudad de Guayaquil, con esto se debe tener claro que ¨por medicina regenerativa entendemos todas aquellas medidas encaminadas a favorecer la regeneración celular, sobre todo de aquellas enfermedades con muerte y eliminación de células estables y perennes.¨ (Valdés Chavarri, 2005, p.557), sin embargo es notorio que el estudio y aplicación de estos tratamientos no ha sido exhaustiva en cuanto a la información que debería ser expuesta a la sociedad.

Consecuentemente a lo expuesto en un Encuentro Nacional de Divulgación Científica en México ¨se ha afirmado que la divulgación científica y tecnológica debe ser considerada un asunto de interés nacional¨ (Calvo Hernando, 2009, p.7).

Actualmente, son múltiples los beneficios que puede obtener un paciente, a través del tratamiento con células madre; especialmente los adultos mayores que sufren enfermedades degenerativas. Sin embargo, el conocimiento por parte de pacientes acerca de las bondades curativas de la medicina regenerativa, sus avances, tratamientos y costos son exiguos. Es importante conocer que ¨la terapia celular implica el trasplante de células autólogas (las células proceden del mismo paciente) o alogénicas (las células proceden de un individuo donante distinto al paciente), ya sea a través de una administración local o sistémica¨ (Guadix, Zugaza y Gálvez-Martín, 2017, p. 5).

La escasa divulgación científica de la medicina regenerativa con células madre autólogas es una problemática, porque el hecho de que no exista abundante información al respecto sobre costos, beneficios, avances científicos, entre otros, le niega a las personas en sus diferentes estratos sociales, la posibilidad de tener más opciones en cuanto a salud y de poder discernir entre una y otra. No tratar la divulgación científica de la medicina regenerativa acarrea en la comunidad un sin número de factores negativos como: ignorancia, desinterés, conformismo, entre otros, que son determinantes para el no desarrollo de una sociedad entera. Por lo tanto, el mayor número de la población no puede estar ajena a los acontecimientos que forjan cambios en cada uno de los aspectos de la vida.

Al identificar los factores que influyen en la escasa divulgación científica de la medicina regenerativa con células madre autólogas en la ciudad de Guayaquil, servirá de consulta a investigadores, maestros, estudiantes y comunicadores, de tal forma que sume al horizonte a seguir en el tratamiento de la información del tema de divulgación científica estudiado, es así que Seguí Simarro, Poza Luján y Mulet Salort (2015) en su libro de estrategias de divulgación científica, afirman que "la divulgación científica es aquella que va dirigida directamente a la sociedad, a todos sus miembros, sean estos expertos o no".

No muy alejado a dicho planteamiento, otros investigadores como Pérez (2002) indican que "las revistas de divulgación son para el gran público, pero también han de ser un lugar de encuentro privilegiado entre estudiantes, científicos, periodistas especializados en la comunicación de la ciencia, organizaciones no gubernamentales [...]" (p. 64).

El artículo está seccionado en varios apartados. Posterior a la introducción, se da paso a la descripción de objetivos y al proceso metodológico que permite obtener la información requerida a partir de la tabla de involucrados establecida. Consecuentemente se presenta el análisis de resultados obtenidos a partir de entrevistas y encuestas aplicadas. Por último, se expone varias consideraciones y recomendaciones finales.

2. Objetivos

Los objetivos del estudio están planteados en función de las etapas establecidas:

- Analizar fuentes de información primarias y secundarias adyacentes a la divulgación científica y tratamientos con células madre autólogas.

- Identificar los factores que influyen en la escasa divulgación científica de la medicina regenerativa con células madre autólogas en la ciudad de Guayaquil durante el periodo 2010-2012.

- Describir el nivel de difusión de los tratamientos con células madre autólogas en los medios de comunicación ecuatorianos.

3. Metodología

El presente trabajo cuenta con dos fases: La primera fase con la aplicación del método histórico lógico de los hechos respecto al tratamiento con células madre autólogas en la ciudad de Guayaquil durante el periodo 2010-2012. Se utilizaron fuentes de información primarias con entrevistas no estructuradas y focalizadas, más la consulta a fuentes secundarias mediante los datos obtenidos del Instituto de Estadísticas y Censos del Ecuador, la Unión de Periodistas Núcleo Guayas, libros, monografías, sitios web, artículos y publicaciones digitales e impresas. En consecuencia, a esta fase del estudio García, M. y Foladori, G. (2015) aseveran que "la inclusión de un tema sea técnico o social, no basta para caracterizar el enfoque de las estrategias de divulgación; también es de importancia el cómo se abordan los temas" (p. 515).

Al analizar las fuentes de investigación primaria, se trabajaron las entrevistas no estructuradas a investigadores y expertos en el tema, como el doctor Luis Geffner, fundador y exdirector del Departamento de Medicina Regenerativa del Hospital Luis Vernaza, y el doctor Mario Izurieta Ulloa, especialista neurocirujano del Hospital Luis Vernaza, entre otros, que permiten discernir entre las diferentes variantes que se presentan en relación a los tratamientos con células madre autólogas, dejando en claro que los tratamientos con células madre no lo son todo; además existen otros elementos definitivos dentro del proceso de recuperación del paciente a partir de su aplicación.

Las entrevistas focalizadas fueron aplicadas en el segmento pacientes que accedieron a diferentes tratamientos y consiguieron avances importantes en sus problemas de salud; uno de ellos es Michael Flounders, ex militar de nacionalidad americana que a la edad de 31 años sufrió un accidente donde se lesiono la médula espinal (viajó desde Fressingfield, Inglaterra y tomó el tratamiento en Guayaquil).

Entre las teorías que soporta la investigación están: la teoría del Actor-Red; que permite tener una orientación comunicacional de temas científicos y tecnológicos para abordar la importancia que tienen los actantes, extraer información de estos y conocer cuál han sido los factores que influyen en el acceso a la información. A través, de la teoría del actor red, se hace conexiones entre cada uno de los participantes de la investigación y se genera la retroalimentación de información; lo cual, permite conocer las acciones que tiene cada uno de los actantes en proceso de estudio.

La ANT es una herramienta conceptual y heurística que permite organizar y tratar la información empírica, así como analizar las complejas redes implicadas en el desarrollo de las tecnologías de la clonación humana, su consecuencia social, política y económica, así como sus posibles implicaciones médicas, farmacéuticas y ganaderas. (Alcíbar, 2007, p. 77)

Otra de las teorías que aporta a contextualizar lo investigado es la teoría de las células madre; también conocida como teoría celular que en su forma moderna de teorema tiene cuatro partes básicas, el cual permite comprender que todos los organismos están compuestos por una o más células, y que esas células se originaron de células preexistentes, lo cual es la base para discernir lo que hoy es la medicina regenerativa con células madre autólogas, la cual tiene la finalidad de regenerar tejidos, órganos, entre otros. Jiménez L. y Ruiz Gutiérrez R. (2007). Afirman que "la teoría celular establece que las células son la unidad morfológica y funcional de todos los seres vivos". (p. 33) ".

Por consiguiente, durante la segunda fase se aplicó una metodología mixta cualitativa y cuantitativa, siendo un estudio de corte exploratorio con análisis descriptivo del objeto de estudio. Se desarrolló una tabla de involucrados con los actantes principales: pacientes que concurren a los centros médicos y hospitalarios, periodistas registrados en la Escuela de Periodistas del núcleo del Guayas, y médicos, con el objetivo de obtener datos e información para identificar y esclarecer qué grupos u organizaciones están directa o indirectamente involucrados en el problema.

Para medir el nivel de difusión de los tratamientos con células madre autólogas en los medios de comunicación ecuatorianos, se realizó un muestreo de tipo no probabilístico e intencional en el que se contó con una muestra de 338 periodistas. Posteriormente, con el uso de la estadística descriptiva, se da a conocer análisis de los datos recolectados que fue procesado mediante el software SPSS 15.0.

A continuación, se detalla la fórmula utilizada:

$$n = \frac{N \times Z_a^2 \times p \times p}{d^2 \times (N-1) + Z_a^2 \times p \times q} \qquad (1)$$

Tabla 1. Tabla de involucrados

Involucrados	Tamaño de la Muestra	Tipo de Muestreo	Método de recolección de datos
Pacientes	372	intencional	Encuesta
Periodistas	338	aleatorio	Encuesta
Médicos	372	aleatorio	Encuesta/Entrevista

Fuente: Autor

El nivel de confianza definido en todas las soluciones es de 95%, con un margen de error del 5% y un estimado para medir opiniones de personas con la finalidad determinar la variable.

4. Resultados

Con la búsqueda bibliográfica en artículos, videografía, webgrafía y las entrevistas a involucrados durante la primera fase se identificaron una serie de indicadores, obtenidos de la red de indicadores de Ciencia y Tecnología Iberoamericana e Interamericana (RICYT), que permiten tener un acercamiento y analizar a los factores que influyen en la escasa divulgación científica del caso estudiado sobre los tratamientos de la medicina regenerativa con células madre autólogas.

En el grupo de indicadores identificados que se tomarán como referencia están los siguientes indicadores analizados:

- Cantidad de publicaciones en diferentes medios sobre células madre.

- Número de campañas y proyectos de divulgación a nivel local.

- Actividades de hemeroteca y acciones de divulgación.

- Cantidad de profesionales especializados en periodismo o divulgación científica.

Además, según La Red de Indicadores de Ciencia y Tecnología Iberoamericana e Interamericana (RICYT), de la que participan todos los países de América, junto con España y Portugal, ha establecido un listado de indicadores que en esta investigación se han relacionado a la divulgación de temas científicos y tecnológicos en Ecuador:

- Gasto en i + d por investigador.

- Gasto en i + d por tipo de investigación.

- Gasto en Centros de investigación y Tecnología por disciplina científica (ciencias médicas).

- Personal de ciencia y tecnología (investigadores).

- Investigadores por nivel de formación, Doctorado (Personas Físicas), Licenciatura o equivalente (Personas Físicas), Maestría (Personas Físicas), Otros (Personas Físicas), terciario no universitario (Personas Físicas).

- Cantidad de Titulados de grado.

- Cantidad Titulados de Maestrías de Ciencias Médicas, Ciencias Naturales y

- Exactas, Cantidad de Titulados en Doctorados.

- Cantidad de solicitudes de patentes, patentes otorgadas.

- Publicaciones en SCI, publicaciones en PASCAL, publicaciones en INSPEC, publicaciones en COMPENDEX, publicaciones en CHEMICAL ABSTRACTS, publicaciones en BIOSIS, publicaciones en MEDLINE.

De las encuestas a médicos, pacientes y periodistas se ha logrado determinar que los principales factores que influyen en la difusión de la medicina regenerativa con células madre autólogas en la ciudad de Guayaquil son producto de la carencia de comunicadores especializados que informen del caso y el desconocimiento de la temática estudiada. Actualmente, son múltiples los beneficios que puede obtener un paciente, a través del tratamiento con células madre; especialmente los adultos mayores que sufren enfermedades degenerativas. Sin embargo, el conocimiento por parte de pacientes acerca de las bondades curativas de la medicina regenerativa, sus avances, tratamientos y costos son exiguos.

4.1 Índices de difusión, aplicación y desarrollo

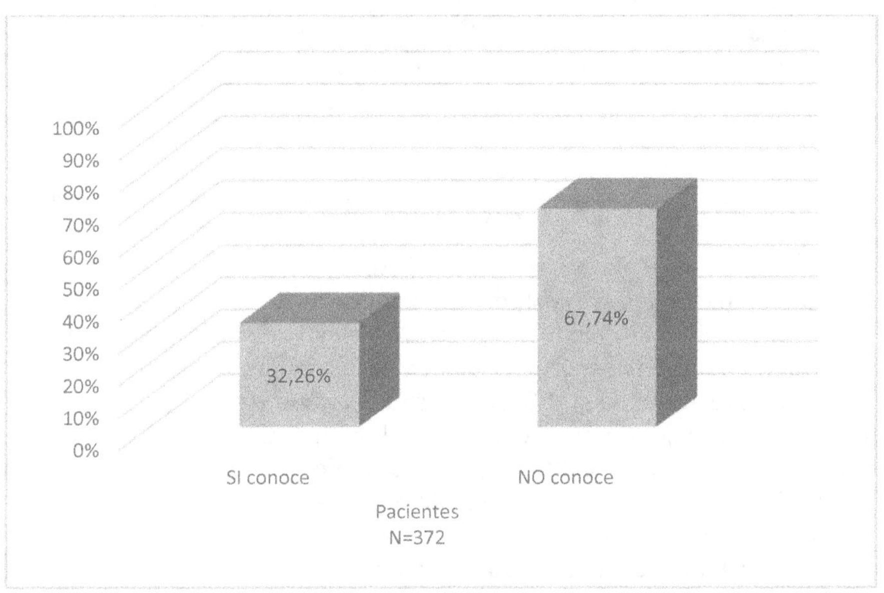

Figura 1. Porcentaje de pacientes que conocen acerca de los tratamientos con células madre autólogas. **Fuente:** *Autor*

Luego del proceso de recolección de datos se ha podido determinar que de los 372 pacientes encuestados; 49.46% masculino y 50.54% femenino, se incluye niños, jóvenes, adultos y adultos mayores, un 32.26% conoce sobre los tratamientos con células madre autólogas, mientras que el 67.74% desconoce sobre el tema.

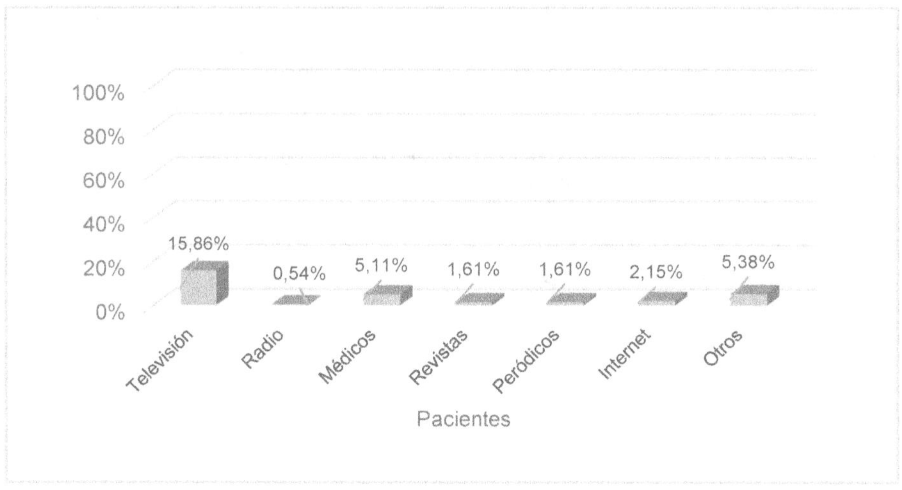

Figura 2. Medios de comunicación que han difundido el tratamiento con células madre.
Fuente: Autor

El 32.26% de pacientes encuestados si conoce acerca de este tipo de tratamiento, un 15.86% se informó a través de la televisión, un 0.54% por la radio, un 5.11% por médicos, un 1.61% por revistas y periódicos, el 2.15% por internet y un restante de 5.38% se informó a través de otros medios. Sin, embargo, solo el 4.84% conoce el precio de los tratamientos; de éste, únicamente el 0.27% se lo ha realizado y las estadísticas muestran que el resultado obtenido es bueno. Además, se obtiene que del 4.84% que si conoce tanto el tratamiento con células madre autólogas como también los precios; el 3.76% no se ha realizado el tratamiento por falta de recursos económicos, el 0.27% por temor y el 0.27% por falta de tiempo.

En el grupo de periodistas, los resultados revelan que, de los 338 periodistas encuestados, un 44.38% pertenecen a Radio, un 22.19% a prensa escrita y un 33.43% a la televisión.

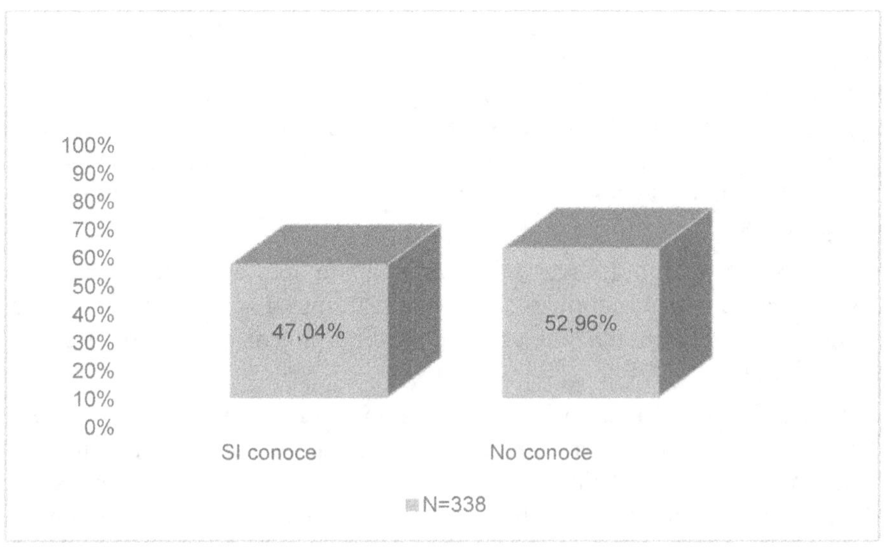

Figura 3. Porcentaje de periodistas que conocen acerca de los tratamientos con células madre autólogas. **Fuente:** Autor

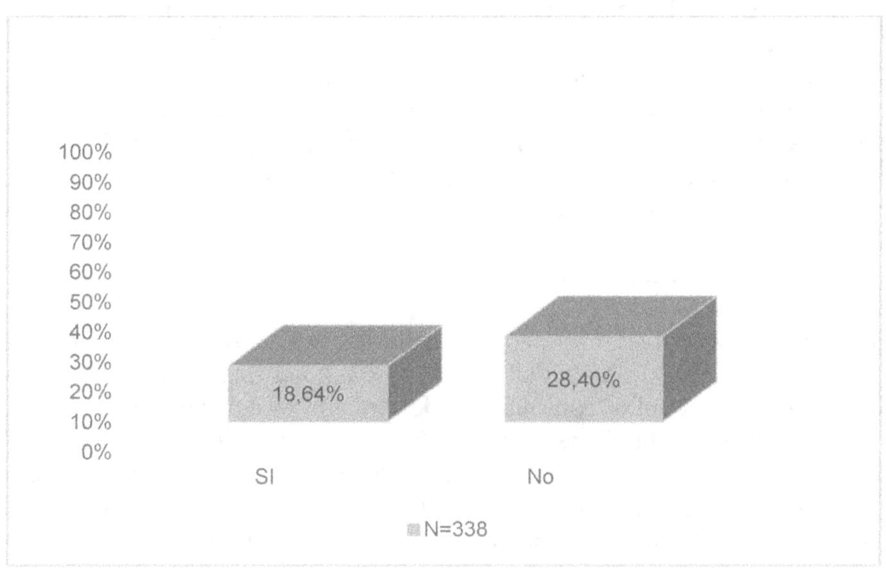

Figura 4. Porcentaje de periodistas que han informado sobre los tratamientos con células madre. **Fuente:** Autor

De ellos, el 52.96% desconoce de este tipo de tratamiento, mientras un 47.04% si conoce; de ellos, el 18.64% si ha informado a la ciudadanía, mientras que el 28.40% no ha informado. Del 18.64% que, si informó a la ciudadanía de este tipo de tratamiento, el 4.14% lo hizo mediante nota periodística, el 10.95% mediante noticia, el 2.07% mediante reportaje y el 1.48% mediante otros estilos periodísticos. Además, el 13.61% lo hizo 1% vez, el 3.55%; dos veces y el 1.18%; tres veces y el 0.30% cuatro veces. Finalmente puede verse gran interés en el tema, ya que el 18.34% de periodistas que conocen del tema si le gustaría seguir informando, mientras que un 0.30% no le gustaría.

Los centros de salud fueron seleccionados de manera intencional, de acuerdo a la mayor o menor demanda de tratamientos con células madre autólogas, que fácilmente puede ser percibida en base a un análisis por parte del autor.

El 67.47% de médicos conoce sobre el tema y un 32.53% no conoce. Del 67.47% que conoce de los tratamientos, solo un 4.57% de ellos ha realizado el tratamiento, mientras que el 62.90% no lo ha realizado. También se revela que del 67.47% de los médicos que conoce acerca de los tratamientos con células madre autólogas, el 57.53% no lo ha realizado por impericia, el 2.69% por falta de implementos y un 3.23% por factor costo. El otro 4.03% restante, si lo ha realizado. En ese sentido, podemos ver que, del 4.03% de los médicos que, si ha realizado el tratamiento con células madre autólogas, el 0.81% respondió que sus tratamientos tuvieron un 25% de eficacia, el 1.88% obtuvo un 50%, mientras que el 1.34% ha obtenido el 80% de eficacia. Finalmente, las estadísticas muestran que del 4.03% de médicos que, si ha realizado los tratamientos con células madre autólogas, un 3.76% considera que este tipo de tratamientos tiene un costo elevado, mientras que el otro 0.27% considera que el costo es económico.

5. Discusión y conclusiones

La divulgación o difusión no debe ser tratada como anecdótica sino como algo esencial, no hay que olvidar que su propósito es llegar a todos los públicos, incluso a aquellos especialistas de otras áreas del saber. La ciencia, a través de sus divulgadores debe mostrar la utilidad de la investigación científica y tecnológica, así como también, sus pros y contras; junto con las apasionantes aventuras que implica la búsqueda del conocimiento con el único afán de informar, tal como lo plantea César Carrillo:

Mostrar los límites de la ciencia, someterla al escrutinio de la sociedad, a la discusión abierta y crítica, no debe ser visto como algo negativo para ella; por el contrario, es desacralizarla, devolverle la pasión o la ambición con que se hace, su grandeza y sus miserias, en fin, todo aquello que hace de esta actividad una creación humana, igual que el arte o la literatura. (Carrillo, 2010, p.169)

La no difusión de la medicina regenerativa con células madre autólogas en Guayaquil es el resultado de la mala práctica periodística y la falta de comunicadores científicos especializados. El medio por el que más se da difusión a este tipo de medicina es la televisión, debido que a través de este medio se puede presentar material audiovisual; gran ventaja frente a los medios de información impresos y radiales de la ciudad de Guayaquil.

Para que la medicina regenerativa con células madre autólogas en la ciudad de Guayaquil, sea difundida es necesario que médicos y periodistas tengan un mayor interés en el tema. Como ya se mencionó a inicios del trabajo, éste es un tema interesante que bien aplicado tanto en el área investigativa como en la práctica sus resultados pueden ser significativos, especialmente para los sectores más vulnerables que viven sumergidos en la miseria, a quienes se les multiplica las dificultades al momento de acceder a cualquier tipo de medicina.

La escasa divulgación de este tipo de temas genera un bajo nivel de cultura científica en la población, y a su vez; un pobre interés por parte de los gobernantes de turno ya que no existe seguimiento investigativo y comunicacional como fruto de más investigaciones científicas y tecnológicas.

6. Referencias bibliográficas

Alcíbar M. (2007). Comunicar la ciencia: la clonación como debate periodístico. Recuperado a parir de https://books.google.com.ec/books?id=_y1tr6NlmTcC&pg=PA75&dq=teor%C3%ADa+del+actor+red&hl=es&sa=X&ved=0ahUKEwiFjOCj6O7ZAhUDk1kKHQxKCPUQ6AEIKzAB#v=onepage&q=teor%C3%ADa%20del%20actor%20red&f=false

Barquinero, J., Pellicer, M. y Pétriz, J. (2005). Aplicaciones terapéuticas de las células madre. Medicina Clínica, 124(13), 504-511.

Bruguera, M. (2010). La información de los avances científicos en la prensa, ¿es útil o más bien confunde? Gastroenterologia y Hepatologia Continuada, 9(3), 150-153

Calvo Hernando, M. (2009). La divulgación científica en el nuevo milenio. Madrid, ES: D - Fundación General de la Universidad Autónoma de Madrid. Recuperado a partir de http://site.ebrary.com/lib/bibliotecaupssp/docDetail.action?docID=10293757

García, J. y Fernández, R. (2011). Difusión y divulgación científica en internet. Cienciatec. Asturias, ES: D - Gobierno del Principado de Asturias. Recuperado a partir de http://ria.asturias.es/RIA/bitstream/123456789/1661/1/Difusion-y-divulgacion-cientifica-en-Internet.pdf

Guadix, J. A., Zugaza, J. L. y Gálvez-Martín, P. (2017). Características, aplicaciones y perspectivas de las células madre mesenquimales en terapia celular. Medicina Clínica.

Jiménez L., Ruiz Gutiérrez R. (2006). Conocimientos fundamentales de biología, vol. 1, p.33.

Manuel Calvo Hernando. (2001). Divulgación y periodismo científico: entre la claridad y la exactitud - Google Libros. Divulgación y periodismo científico: entre la claridad y la exactitud. Dirección General de Divulgación de la Ciencia.

Pesántez, E. y Ángeles, M. (2007). Comunicación, divulgación y periodismo de la ciencia: una necesidad imprescindible para Iberoamérica. Quito: Editorial Ecuador F.B.T. Cía. Ltda. Recuperado a partir de http://repository.unm.edu/handle/1928/10696

Seguí Simarro, J. M., Poza Luján, J. L. y Mulet Salort, J. M. (2015). Estrategias de divulgación científica. Valencia, ES: Editorial de la Universidad Politécnica de Valencia. Recuperado a partir de

http://site.ebrary.com/lib/bibliotecaupssp/docDetail.action?do-
cID=11087717

Toffler, A. (1995). El Shock Del Futuro. Recuperado a partir de
http://books.google.es/books?id=sfEkcAAACAAJ

Trueba, César Carrillo (2010). Para romper con la asimetría en la comunicación de la ciencia.

Valdés Chavarri, M., Pascual Figal, D., Prósper Cardoso, F., Moreno Mon-
tañés, J., García Olmos, D. y Barcia Albacar, J. a. (2005). Medicina regenerativa con células madre adultas. Revista Clínica Española, 205(11), 556-564.

Vanina, P. y López, S. (2012). Encuentro con la comunicación pública de
la ciencia en la TV argentina, (Cic), 269-283.

Capítulo IV

COMUNICACIÓN Y DIVULGACIÓN: MEDICINA REGENERATIVA EN GUAYAQUIL

MSc. Juana Katiusca Flores Peralta
Universidad Politécnica Salesiana, Ecuador
MSc. Dennis Steve Chang Pappe
Universidad Politécnica Salesiana, Ecuador

Resumen

El estudio realiza un análisis sobre la importancia de la cultura científica y tecnológica dentro de la sociedad para el fortalecimiento de los procesos investigativos. Realiza una revisión sobre los factores que influyen en la divulgación científica de tratamientos con células madres autólogas en la ciudad de Guayaquil del periodo 2010-2012. Enfatiza en el rol preponderante del periodista en la difusión y divulgación del conocimiento para el favorecimiento del desarrollo social.

Para el estudio, se utilizó el método histórico-lógico de investigación para asegurar el significado y confiabilidad de hecho pasados en las ciencias en forma general y en cualquier disciplina científica en particular.

Los objetivos del estudio se centran en describir el nivel de conocimiento sobre la medicina regenerativa con células madre autólogas en los periodistas de la ciudad de Guayaquil, identificar los medios de comunicación que realizan divulgación de la medicina regenerativa y conocer el nivel de difusión de información con contenido científico mediante los principales medios de comunicación de Guayaquil.

En la divulgación de la ciencia es vital la participación activa de investigadores, médicos, periodistas y sociedad civil, para el favorecimiento de la cultura científica en la ciudad de Guayaquil y de las sociedades en general.

Palabras claves

Factores, divulgación, medicina regenerativa, comunicación de la ciencia, medios, células madre.

1. Introducción y justificación

Sin lugar a dudas el progreso social mundial radica en los pequeños y grandes avances científicos que se desarrollan a lo largo de la historia. Independientemente de lo complejo que resulte comprender este sistema de generación de conocimiento, hay que reconocer el carácter universal (Guzmán, 2005) que define a la ciencia y su íntima relación con la sociedad, la historia, la economía y la cultura, no solo por su aplicación sino por el vasto campo descriptivo de la realidad que nos rodea y que por ende posibilita la ampliación de nuestros horizontes epistemológicos.

Sin embargo, en la tarea de describir la realidad es necesario considerar los procedimientos científicos que permiten su explicación de manera organizada, sistematizada y racional, además del medio, forma o código que constituirá parte fundamental en la trasmisión de la información al sujeto común para entonces otorgar el valor real o verdadera razón de ser de la actividad científica. Es decir, la actividad investigadora que se desarrolla en cualquier espacio o contexto social no debe culminar en el mero hecho de demostrar resultados concretos dentro de espacios limitados, de acceso restringido al ciudadano común. El objetivo principal de esta misma actividad, debe ser la divulgación pública de los hallazgos y resultados científicos.

Destacados hombres de la historia, tempranamente percibieron la importancia de la difusión del saber. En ese contexto, encontramos a Leonardo Da Vinci (1452 – 1519), quien se anticipó a nuestros tiempos al proponer que el primer deber del hombre de ciencia es la comunicación y, al considerar que sólo es ciencia la ciencia transmisible. Gerolamo Cardano (1507 – 1576) promovió la divulgación científica mediante centenares de libros de su autoría sobre matemáticas, física, filosofía y religión, con gran aceptación por parte de la nobleza y las personas cultas. Uno de los primeros libros de Divulgación Científica, *L Astronomie popularie* fue escrito en 1879 por el Astrónomo Frances Camille Flammarlon, sin olvidar a escritores aficionados que han escrito sobre los primeros inventos del siglo XIX, con el justo afán de difundir los avances científicos (Calvo, 2002).

El mismo Stephen Hawking, consideró imprescindible la divulgación de su obra "The Big Bang a los agujeros negros", puesto que consideró importante la comprensión tanto del público científico, como por parte del ciudadano común. Su objetivo era llegar a todos, independientemente de ideologías, nivel académico o clase social.

Así, la Divulgación científica asienta sus antecedentes mediante los primeros periódicos de divulgación del conocimiento. Robles y Torres, afirman:

Uno de los acontecimientos históricos más importante para la divulgación de los conocimientos y la penetración de las ideas ilustradas en el nuevo mundo, fue el desarrollo de las publicaciones periódicas y seriadas. Periódicos, folletos, revistas, panfletos y opúsculos, jugaron un papel determinante en la difusión del nuevo paradigma intelectual desarrollado en la Europa de finales del siglo XVII y principalmente durante el siglo XVIII. (p. 318).

Evidentemente, la época señalada tiene características muy marcadas respecto a las diferencias sociales y culturales, sin embargo, el interés en la divulgación del conocimiento se puede traducir en una fórmula maestra para despertar la curiosidad social en cuanto al avance de la ciencia, la tecnología y la cultura. De tal modo, que el conocimiento no sea privilegio de pocos, sino por el contrario, sea concebido como un deber colectivo y un insumo más para la consolidación de las sociedades. Esta perspectiva no resulta ajena a los tiempos actuales, puesto que la democratización de la ciencia es un tema de gran debate que aún no logra encontrar el verdadero sentido social. Es así, que "los procesos de modernización entran en crisis en el momento que la ciencia, la técnica y la tecnología asumen solas en su dinámica maravillosa el sentido del progreso humano" (Hoyos-Vásquez, 2006, p. 126).

La sociedad actual se caracteriza, en principio, por la gran demanda y generación de información a todos los niveles y en diversos formatos. Las posibilidades para trasmitir información y entrar en contacto con el otro son insuperables. Las distancias podrían parecer únicamente una cuestión mental, donde el acceso al otro o a la información depende de la disponibilidad individual y de la capacidad de comprender y descifrar dicha información. Dicho de otro modo, el desafió actual va más allá del simple acto de reproducir, trasmitir y generar información, interesante, importante y real. Por el contario, el verdadero reto al que se enfrentan nuestras presentes y futuras generaciones está en la comprensión de la ciencia y de sus procesos por parte del ciudadano común, de modo que pueda ser particípe de la trasformación social con plena conciencia de lo que esto significa y con la suficiente visión que le permita acciones más responsables (Calvo, 2002).

Según Bernstein (1994), las tres razones para esforzarse en hacer comprender la ciencia a los no científicos son:

- El mundo es cada vez más complejo, peligroso y fascinante. Muchas personas no versadas en ciencia tienen verdadera curiosidad sobre esta noble actividad humana. La ciencia ha contribuido a crear peligros y se espera que ayude a crear formas para abordarlos. Pero la mayor parte de esos problemas no pueden ser, ni lo serán, tratados solamente por científicos. Necesitamos toda la ayuda disponible y esta ayuda tiene que proceder de un público formado científicamente.

- La segunda razón es lo que Bernstein denomina "embrollo tecnológico". Cada uno de nosotros estamos rodeados de objetos y artefactos cuyo funcionamiento nos parece un misterio. A menudo vivimos preguntándonos sobre la funcionalidad de los aparatos tecnológicos cotidianos.

- La tercera razón para enseñar ciencia a los no científicos es la que Bernstein llama "necesidad tecnológica", es decir, la obligación frecuente de tomar decisiones que tienen un componente tecnológico significativo, como, por ejemplo, la energía y las armas nucleares.

Independientemente de las razones que propone Bernstein y muchos otros autores, es evidente la necesidad de una compresión científica a todos los niveles sociales, partiendo del concepto de equidad, igualdad y utilidad dado que sugieren acciones mancomunadas y pertinentes con alcance global. En esta perspectiva, es importante acotar que la problemática para la comprensión de la ciencia, no únicamente tiene lugar en los sectores de menor alcance a la educación. Esa misma problemática, es una realidad dentro de las clases altas con acceso a una educación de primera. Un factor determinante para la comprensión de la misma a todos los niveles, sería reconocer la brecha generacional que influye en la adaptación a nuevas formas de vida a partir de los avances tecnológicos que invaden la cotidianidad actual y el distanciamiento entre el sujeto cultural y la práctica científica (Erazo, 2007).

El periodismo científico se consolida cada vez como una vía eficaz en la divulgación de la ciencia. Según postula algunos autores (Estrada, 1991) se lo reconoce como el subgénero periodístico que difunde y divulga en la sociedad el conocimiento generado por la ciencia y la tecnología, convirtiéndose así en una fuente de enseñanza y aprendizaje. De este modo, la difusión del conocimiento va ganando espacio dentro de los medios masivos de información, al reconocer estos como recursos primordiales debido a la gran cobertura que los caracteriza desde su aparición.

En este contexto América Latina no es la excepción, y no se especifica el origen del periodismo científico con exactitud (Massarani *et al.*, 2012). Según diversas fuentes históricas, se puede evidenciar su larga trayectoria, misma que ha contado con la participación activa de Jacobo Brailovsky (Argentina), en José Reis (Brasil), Arístides Bastidas (Venezuela), Sergio Prenafeta (Chile) y Antonio Cacua Prada (Colombia). Se resalta a Manuel Calvo Hernando como uno de los precursores del periodismo científico en la región. Erazo (2007) afirma, "la experiencia en esta labor es todavía incipiente y, para mejorarla, conviene desarrollar más estudios y propuestas sobre el proceso de comunicación pública de la ciencia en América Latina y más específicamente en Ecuador" (p. 20).

Desde esa perspectiva, la presente investigación atiende el tema de la divulgación de la medicina regenerativa con células madre en la ciudad de Guayaquil, específicamente sobre los factores de divulgación. Para lo cual es necesario considerar datos históricos de modo que permita tener el escenario claro sobre los procesos instaurados para la difusión de información de este tipo con la participación de los sujetos involucrados. En este caso, principales hospitales de la ciudad, quienes, de acuerdo con la revisión de notas periodísticas realizadas, en el año 2004 empiezan a considerar a los tratamientos con células madre autólogas dentro de sus servicios médicos. Por otro lado, se encuentra el grupo de periodistas de los medios más importantes de comunicación del país. Así como también los médicos.

En la ciudad de Guayaquil, es casi nula la cobertura periodística de la medicina regenerativa con células Madre Autólogas. Se comprende que la etapa experimental de dicha medicina es lo que resta interés por parte de los medios de comunicación.

En el trayecto histórico de los esfuerzos para fomentar el desarrollo, aplicación y difusión de la medicina regenerativa con células madre autólogas en Guayaquil, es importante señalar los inicios de las investigaciones médicas por parte del Dr. Raúl Soria, en 1962, para demostrar los beneficios de las células madre a través de experimentos en conejos.

En el 2006, Diario el Universo y en el 2008 diario el Telégrafo de Guayaquil realizaron publicaciones sobre eventos relacionados con tratamientos con células madre autólogas en la ciudad de Guayaquil. Sin embargo, en el tratamiento periodístico se observa un lenguaje complejo puesto que, en principio, la información es deficiente.

Como parte del recuento histórico de la medicina regenerativa con células madre autólogas, se observa la participación del Dr. Mario Izurieta, quien ha promovido y coordinado las primeras investigaciones con células madres realizadas en el Hospital Luis Vernaza. A su vez, en aporte con la comunidad en general, realiza publicaciones sobre este tipo de tratamientos mediante su blog personal.

En la actividad de promover el conocimiento sobre esta medicina, vemos el aporte de la Universidad Católica Santiago de Guayaquil, mediante un foro académico con la participación de especialistas en medicina regenerativa, periodistas, y público en general.

Evidentemente, la tarea de difundir conocimiento científico a partir de investigaciones recientes, sin mucho desarrollo y con poco resultado requiere de un esfuerzo aún mayor, con la participación de muchos actores sociales. La mayoría de los problemas sociales, radican en la gran cantidad de información que se desconoce.

Se observa que, a pesar de ser un tema de interés social, hace falta una correcta difusión en todos los ámbitos, especialmente en el aspecto divulgativo. Este debería ser un tema de gran relevancia dentro de los medios de comunicación y debiera encabezar la agenda mediática local.

Como se muestra en los datos históricos, existe una participación meritoria por parte de los sujetos involucrados, no obstante, hay la necesidad de multiplicar esfuerzo interdisciplinares.

El análisis de los factores que influyen en la escasa divulgación científica de la medicina regenerativa con células madre autólogas en la ciudad de Guayaquil, supone un importante aporte para la comunidad de periodísticas, médicos, académicos y sociedad en general.

2. Objetivos

Los objetivos del estudio están planteados en función de las etapas establecidas:

- Describir el nivel de conocimiento sobre la medicina regenerativa con células madre autólogas en los periodistas de la ciudad de Guayaquil.
- Identificar los medios de comunicación que realizan divulgación de la medicina regenerativa.
- Conocer el nivel de difusión de información con contenido científico mediante los principales medios de comunicación de Guayaquil.

3. Metodología

Se utilizó el método histórico-lógico de investigación para asegurar el significado y confiabilidad de hecho pasados en las ciencias en forma general y en cualquier disciplina científica en particular. En este sentido, el método histórico nos permite estudiar la trayectoria de los acontecimientos en su devenir temporal, mientras que el método lógico investiga las leyes generales del funcionamiento y desarrollo de los fenómenos (Añorga-Morales, 2014).

Este método proporciona la posibilidad de establecer relaciones presentes en función de los hechos acontecidos en el desarrollo de las ciencias (Behar, 2008). En este caso, en relación al desarrollo de estado periodístico de investigación. De esta manera, se permite la formulación de conclusiones sobre hechos pasados que explican vínculos y que conducen a comprender las evidencias que respaldan el estado de la presente temática. El propósito del estudio no sólo ha sido la acción de describir cómo se ha comportado el tratamiento periodístico científico en los últimos años, sino detectar los factores principales que inciden en la divulgación científica de los tratamientos con células madre conociendo la lógica de su desarrollo en la ciudad de Guayaquil.

Por tanto, el método lógico utilizado nos permite descubrir las regularidades, principios y leyes fundamentales de los factores relacionados con la divulgación científica de los tratamientos con células madre y, además, admite los datos que proporciona el método histórico, de manera que el estudio no se convierta en un simple razonamiento especulativo (Añorga-Morales, 2014).

En relación a la recogida de información objeto de interés se han llevado a cabo encuestas a 372 pacientes que, en el momento actual, estaban realizando un tratamiento relacionado con células madre en algún centro médico de Guayaquil; encuestas a investigadores, a periodistas registrados en la Escuela de Periodistas del núcleo del Guayas y a otros expertos en la divulgación de los tratamientos (N=338) y, finalmente, se han realizado encuestas y entrevistas semiestructuradas a los doctores (N=372) de los principales hospitales de la ciudad de Guayaquil. Por tanto, el número total de la muestra ha estado conformada por 1082 personas entre las tres categorías evaluadas: pacientes, periodistas y doctores. Los datos recogidos durante todo el proceso de investigación han sido analizados mediante el software IBM SPSS 15, obteniéndose análisis descriptivos básicos de las variables incluidas en el estudio.

4. Resultados

Respecto al nivel de conocimiento de los pacientes, la investigación determinó que el 32.26% conoce sobre los tratamientos con células madre, mientras que el resto de pacientes encuestados desconoce sobre sobre la temática. Dentro de esta muestra se incluye la participación de adultos, niños, hombres y mujeres, destacándose una participación equitativa en cuanto al género.

Respecto a los medios de comunicación que han difundido el tratamiento con células madre, se obtiene como resultado de la investigación que de los pacientes que conocen sobre los tratamientos con células madre, el mayor porcentaje obtuvo información mediante la televisión, seguido de quienes se informaron a través de información médica; en menores porcentajes, por debajo del 6% se ubican quienes recibieron información mediante la radiodifusión, periódicos y revistas. Debajo de este porcentaje, también, se ubican quienes fueron informados mediante otros medios.

En este nivel de desconocimiento sobre dichos tratamientos, se destaca la deficiente información respecto a los costos de los costos de este tipo de medicina, puesto que del total de pacientes que conocen sobre los tratamientos, solo el 4.84 conoce los precios; de estos, se revela que únicamente el 0.27 % se ha sometido a dicho tratamiento con células madre. La investigación además determina que del total de pacientes que si conocen sobre esta medicina no han accedido a la misma debido a la falta de recursos económicos, representado este grupo por el 3.76%.

Para determinar el nivel de conocimiento por parte de los periodistas de Guayaquil y, además, conocer los niveles de difusión de contenidos científicos y tecnológicos, se realizó encuestas a 338 periodistas. Como resultados se obtiene que la mayor parte de ellos desempeñan su labor en el ámbito radiofónico, seguido de los que desempeñan en la televisión y finalmente en menor porcentaje quienes laboran en prensa escrita.

De ellos, se observa que el nivel de conocimiento vs el nivel de conocimiento sobre los tratamientos con células madre autólogas es muy semejante, y se establece una diferencia del 5.92%. El mayor porcentaje corresponde a los periodistas que conocen del tema. Además, se muestra que del total de periodistas que conocen sobre la medicina regenerativa con células madre, únicamente el 18.40% informó a la ciudadanía. Respecto al género periodístico mediante el cual se difundió está temática se le atribuye el mayor porcentaje a la noticia con un 10.95%.

El estudio revela que el 13.61% de periodistas informó únicamente en una ocasión. Cuatro es el mayor número de reincidencias en informar, para el cual se atribuye sólo un 0.30%. Quienes han informado sobre este tema, muestra importante interés en continuar difundiendo este tipo de información, revelando únicamente un 0.30% para quienes no tienen interés en dicha difusión.

En relación a los centros de salud y el personal médico, se realizó una se-lección intencional, pero tomando en consideración el nivel de demanda de tratamientos con células madre autólogas a través de un breve análisis de los autores. Del total de médicos encuestados, el 67.47% conoce este tipo de tratamientos. De éstos, el mayor porcentaje con un 57.53% no ha reali-zado el tratamiento debido a impericia y desconocimiento. Al restante se le atribuyen factores como falta de implementos, altos costos, lo cual no les ha permitido realizar dicho tratamiento. Del 4.03% de médicos que ha rea-lizado el tratamiento se revela que el 0.81% obtuvo un resultado favorable con el 25% de eficacia, mientras que para el restante se le atribuyen entre 50 % y 80% de eficacia. Finalmente, en el aspecto económico, se destaca que el mayor porcentaje de médicos coinciden en que los costos de este tipo de tratamientos son elevados.

Cabe destacar que, para determinar los indicadores de la investigación, se tomó como referencia los principales criterios: Medios de comunicación que informan sobre ciencia y tecnología, interés por informar sobre temas de ciencia y tecnología, reincidencia en publicaciones científicas, profesio-nales especializados en periodismo o divulgación científica.

5. Discusión y conclusiones

Con los aportes de esta investigación se puede concluir que existe una evidente cultura de desinformación por parte del ciudadano común sobre los tratamientos médicos con células madre autólogas. Siendo este un tema que sugiere gran importancia dentro de la sociedad, ha sido considerado por los autores una forma absolutamente indiscutible para demostrar el nivel de desinterés y de nula o poca preparación sobre tema de índole científico, tanto por parte de los periodistas, profesionales de la salud y de pacientes que pudieran beneficiarse de estos avances médicos.

Sin embargo, vale destacar el rol esencial que se le otorga al factor económico dentro de la investigación puesto que no únicamente se ve reflejado en los resultados del grupo de pacientes, sino también, forma parte de los resultados en el grupo de médicos. En ese sentido, puede afirmarse que el factor económico se destaca frente a otros como: el desinterés de los periodistas y la impericia en la práctica médica. Esto pudiera explica la falta de difusión sobre el tema, puesto que, si efectivamente existe mucha voluntad e interés por parte de los grupos involucrados, también es preponderante el hecho de no contar con los recursos económicos necesarios para viabilizar aún mejor este tipo de medicina.

Desde esa perspectiva es necesario desatacar y exhortar el papel protagónico de los medios de comunicación en la difusión y divulgación de temas de ciencia y tecnología que vayan en favor de la sociedad. Mostrar la utilidad de la investigación científica y por ende sus beneficios sociales es una labor propia del periodismo, así como lo es también, el propiciar la crítica a través de diálogos constructivos que permitan el análisis de estos temas para la búsqueda de soluciones eficaces en favor de todo el colectivo social.

La carencia de comunicadores especializados en la divulgación de temas científicos y la falta de experiencia o preparación profesional médica dan cuenta de las condiciones contextuales de la ciudad de Guayaquil que, poco o mucho, podrían favorecer el desarrollo de investigaciones de esta índole. Así, no basta con el desarrollo e implementación de sistemas que permitan el avance de la ciencia. Sino que resulta de vital importancia, la existencia de una demanda efectiva, y constante que permita expandir los tratamientos y, por ende, favorecer a quienes más lo requieran.

En este contexto, cabe citar al periodista, permio Nobel de Literatura, Gabriel García Márquez, *"lo que no se comunica no existe"*. Comunicar es la clave del desarrollo, aún más, aplica para el ámbito de la ciencia. Todo avance científico podrá ser validado única y exclusivamente mediante la demostración. Lógicamente, al tratarse de un tema médico, debe ser tratado con especial atención. Dentro de esa tarea es importante vigilar por el cumplimiento de los procedimientos apropiados puesto que suponen, en ciertos casos, grandes riesgos para el ser humano.

Referencias bibliográficas

Añorga-Morales, J.A. (2014). La educación avanzada y el mejoramiento profesional y humano. *Universidad Pedagógica Enrique José Varona, 58* (19-31).

Barquinero, J., Pellicer, M., & Pétriz, J. (2005). Aplicaciones terapéuticas de las células madre. *Medicina Clínica, 124* (13), 504-511.

Behar, D. S. (2008). *Introducción a la Metodología de la Investigación.* Buenos Aires, Argentina: Editorial Shalom.

Bernstein, J. (1994). *Quarks, chalados y el cosmos.* Madrid, España: Editorial Alianza.

Calvo, M. (2002). *La divulgación científica en el nuevo milenio.* Madrid, España: Fundación General de la Universidad Autónoma de Madrid.

Erazo, M.A. (2007). *Comunicación, divulgación y periodismo de la ciencia. Una necesidad imprescindible para Iberoamérica.* Quito, Ecuador: Editorial Planeta Ecuador.

Estrada, Luis (1991), Primer Congreso Nacional de Divulgación de la Ciencia, Morelia, México.

Guzmán, M. (2005). El fenómeno de la interdisciplinariedad en la ciencia de la información: contexto de aparición y posturas centrales. *Acimed, 13* (3), 11-21.

Hoyos-Vásquez, G. (2006). Ciencia y ética desde una perspectiva discursiva. *Convergencia, 13* (42), 117-131.

Massarani, L., Amorm, L., Bauer, M., Montes de Oca, A. (2012). *Periodismo científico: reflexiones sobre la práctica en América Latina.* Quito, Ecuador: CIESPAL

UN TERREMOTO Y DOS MÉXICOS: HERRAMIENTAS DE COMUNICACIÓN UTILIZADAS EN LA ORGANIZACIÓN DE LA SOCIEDAD EN LOS TERREMOTOS DE 1985 Y 2017 EN LA CIUDAD DE MÉXICO

Gladys Arlette Corona León
Universidad de Sevilla, España
María Lorena Cerdeña
Universidad de Sevilla, España

Resumen

La ciudad de México se caracteriza por ser uno de los núcleos urbanos más grandes y poblados del mundo y por la intensa actividad sísmica que presenta con regularidad, la cual ha cambiado la forma en la que se ha organizado la sociedad.

El objetivo de la investigación consiste en un estudio sobre las herramientas de comunicación utilizadas en los terremotos ocurridos en 1985 y 2017 en la ciudad de México. Mediante un análisis exploratorio, se tomarán datos sobre el entorno digital y los diversos medios de comunicación que sirvieron como instrumento de organización para la sociedad ante dichas catástrofes naturales.

Una vez expuesta la muestra, se presentará una comparativa entre los ítems comunicativos que tuvieron una mayor repercusión en la estructura de la sociedad ante estos desastres.

Con lo cual se podrán examinar dos terremotos que ocurrieron en épocas distintas pero que guardan cierta similitud ante la valiosa respuesta civil y los diversos canales de comunicación que se utilizaron para organizar a la sociedad.

Todo esto con la intención de conocer cómo ha evolucionado la tecnología y, como ésta, encaminada a la participación ciudadana, es un elemento fundamental hoy en día para ayudar en momentos de gran necesidad como fue en los terremotos de la Ciudad de México

Palabras claves

Herramientas de comunicación, Terremoto México 1985, Terremoto México 2017, Participación ciudadana.

1. Introducción

Hoy en día, las herramientas comunicativas se han convertido en uno de los pilares fundamentales para comunicar y ser informados. Hemos pasado de usar y consumir únicamente los medios de comunicación tradicional a utilizar, junto a ellas, diversas plataformas sociales en Internet. Francisco Campos, en su trabajo *La nueva generación de herramientas de la comunicación* (2012, p. 36) destaca que a los medios tradicionales "no les queda otro remedio que buscar oportunidades en los nuevos medios (blogs y redes sociales), que a su vez son aprovechados directamente por los usuarios (...)" los cuales también interactúan y comunican. Esta evolución ha creado "un sistema de comunicación activa e interactiva que permite multiplicar la relación y circulación de los mensajes", (2012. p. 37) lo que llamamos la Web 2.0 y la cual permite llegar a muchísimas personas de forma "tanto automática como masiva".

Los ciudadanos, gracias a las nuevas tecnologías, pueden incrementar su participación, mostrar una opinión pública a través de redes sociales u otro tipo de plataformas y alcanzar a un mayor número de personas. Esta característica que supone Internet crea otro tipo de participación ciudadana, en la que el usuario puede publicar y compartir información y opinión acerca de algo. Pero esto es imposible sin que el ciudadano de pie a ello. Juan Estrella, en su publicación, Ciudadanía y participación ciudadana en la ciudad de México (2018, p. 123), reitera que "no puede haber una práctica plena de participación ciudadana si de antemano no hay un ejercicio pleno de la ciudadanía" es decir, que esto no sería posible sin el ciudadano, ya que "el tipo de participación ciudadana que se practica depende del ejercicio de la ciudadanía que se haya desarrollado".

Asimismo, Marco Marchoni en su libro *Comunidad, participación y desarrollo* (1999, p. 15-16) menciona esta idea principal en la que explica que, si no existiera la colaboración, no habría un proceso y con ello, no habrían "cambios reales".

2. Hipótesis

El uso de las nuevas tecnologías ha supuesto un cambio en la sociedad, en la que la información llega a millones de personas en tiempo real y la interacción entre usuarios es rápida y eficaz. Sin embargo, desconocemos hasta qué punto pueden ser útiles puesto que no sólo dedicamos estas vías para informar, sino que tienen un carácter social que pone en acción la participación ciudadana y realiza cambios en la organización colectiva.

Este tipo de herramientas ha ido evolucionando a lo largo de los años, hemos pasado del consumo de medios de comunicación tradicional a otros medios vía internet, lo cual ha sido una mejora en la organización de la sociedad que ha permitido salvar y ayudar a miles de personas. Con todo esto, queremos demostrar que estas herramientas fueron una ayuda bastante significativa a los afectados del último terremoto en México.

3. Objetivos

El objetivo principal de la investigación es conocer las diversas herramientas que se utilizaron en los dos terremotos de México y hacer una comparativa de cómo ha evolucionado la comunicación. Para ello, es necesario alcanzar los siguientes objetivos específicos:

1. Analizar desde el punto de visto histórico el tratamiento informativo del terremoto de 1985.

2. Observar los principales medios digitales a nivel nacional e internacional para conocer la cobertura y los puntos tratados acerca del sismo en 2017.

3. Estudiar la función de la página web Trendinalia en la utilización de *hashtags* relacionados con el terremoto.

4. Resaltar las informaciones falsas que tuvieron gran repercusión en el sismo.

5. Conocer las diversas aplicaciones que sirven específicamente para la ayuda ante un sismo.

6. Destacar las principales plataformas cuya finalidad era ayudar ante las consecuencias del terremoto de 2017.

4. Metodología

Para conocer, con más profundidad las herramientas comunicativas más utilizadas en ambos terremotos, se procederá a estudiar desde el punto histórico el sismo de 1985 a través de casos por parte de profesionales de la comunicación que vivieron ese momento.

Respecto a la catástrofe natural ocurrida en 2017 en el mismo lugar, se llevará a cabo un muestreo de los medios digitales más consumidos tanto a nivel nacional como internacional. Por otra parte, se observarán las diferentes herramientas de comunicación en el entorno digital. Y se analizará a través de redes sociales, las vivencias de muchos ciudadanos en aquel desastre.

5. Marco teórico

5.1. Terremoto de 1985

La mañana del 19 de septiembre de 1985, México vivió un evento que no solo movería las placas tectónicas de una de las ciudades más pobladas del mundo, sino que también sacudiría al gobierno y a la sociedad que decidió tomar cartas en el asunto y movilizarse ante la tragedia.

La llegada de un terremoto con una magnitud de 8.1 grados en la escala Richter dejó a su paso a más de 10,000 víctimas, 6,000 viviendas colapsadas y 800 edificios derrumbados. El presidente de esa época, Miguel de la Madrid, fue recordado por su falta de movilización y por no contar con un plan de acción ante este desastre.

Sin embargo, no solamente el terremoto dejó ver los edificios colapsados, también entre sus escombros se descubrieron fábricas y comercios ilegales y lo poco preparado que estaba el gobierno y la población ante la magnitud de este fenómeno natural. Sin embargo, los mismos ciudadanos fueron los que comenzaron a poner orden y organizar la situación para levantar los frágiles cimientos de su entorno.

Entre los edificios afectados, se encontraban los pertenecientes a medios de comunicación, por ejemplo el Canal 2 de Televisa, el Instituto Mexicano de la Radio (IMER), Radio Fórmula y el periódico La Prensa, entre otros.

A posteriori a este suceso, hubo muchos cambios en la legislatura y en el conocimiento ciudadano. Se instauraron reglamentos de construcción para disminuir los daños ante un terremoto, se crearon organizaciones civiles y movimientos sociales, e Instituciones, como el Centro Nacional de Prevención de Desastres (CENAPRED), que atiende los casos de sismos, huracanes e inundaciones, otro ejemplo es el de "los topos", un grupo de rescatistas improvisados que ahora se han especializaron en esta clase de desastres y que son conocidos a nivel internacional.

Asimismo, la población de la ciudad de México, ya cuenta con capacitación y entrenamiento ante estos desastres, pues regularmente se realizan simulacros de evacuación en escuelas, empresas y centros de trabajo. De igual manera, se implementó un sistema de alerta sísmica, que mediante bocinas que se encuentran dispersas por toda la ciudad de México, emiten una alarma con una antelación de 50 segundos, lo cual previene y da tiempo a la población, pues en el terremoto de 1985, mucha de la gente que murió, se encontraba dormida, no sabía lo que pasaba y no tuvieron tiempo de salir de sus casas.

Lamentablemente este sismo fue un caso de prueba y error que ayudó a crear una sociedad y gobierno mas consiente, responsable y preparado.

5.2. El despertar de una sociedad civil

Las narraciones y memorias de la gente cuentan que el terremoto de 1985 fue un antes y un después para el entorno social, político y cultural de México. En esos momentos de crisis, todo el pueblo se convirtió en uno. No importaba la edad, sexo o estrato social, por un momento todos fueron héroes y actores en la historia. La sociedad descubrió la importancia de su actuar solidario, en donde depositaba su mayor lucha y esfuerzo, México se organizó para ser una sociedad civil. [5]

5.3. Terremoto de México en 2017

El 19 de septiembre de 2017 se produjo un terremoto en México, concretamente, en Puebla. La magnitud del desastre fue de 7,1 en la escala de Richter y tuvo su epicentro a 12 kilómetros de Axochiapan. El Portal de Ciencia UNAM[6] publicó un artículo titulado "¿Qué ocurrió el 19 de septiembre de 2017 en México?" que destacó que a pesar de que el terremoto ocurrido en 1985 fue de mayor escala, "el epicentro fue muy lejano y bajo las costas del estado de Michoacán, a más de 400 km de la capital, mientras que el 7.1 ocurrió apena 120 km al sur de la ciudad", lo que causó un mayor impacto.

El noticiero Televisa[7] informó al siguiente mes del desastre el número total de fallecidos: 369, entre ellos, personas de Ciudad de México, Morelos, Estado de México y Oaxaca. Además, notificó que hubo 337 heridos según los listados de Locatel, organismo que publica información para la ciudadanía en estos casos.

Tabla 1. Comparativa de los terremotos de 1985 y 2017 (Fuente: elaboración propia)

COMPARATIVA	TERREMOTO 1985	TERREMOTO 2017
Presidente	Miguel de la Madrid (PRI)	Enrique Peña Nieto (PRI)
Población	78 millones de habitantes	129 millones 163 mil habitantes
Magnitud (Richter)	8.1 grados	7.1 grados
Estados Afectados	Ciudad de México, Jalisco, Estado de México, Guerrero, Colima, Morelos y Michoacán	Ciudad de México, Morelos, Puebla, Estado de México, Guerrero y Oaxaca.
Pérdidas Humanas	Alrededor de 10,000[8]	305

---

[5] https://horizontal.mx/el-despertar-de-la-sociedad-civil-sismo-del-85-y-neoliberalismo/

[6] Portal Ciencia UNAM[1]:http://ciencia.unam.mx/leer/652/-que-ocurrio-el-19-de-septiembre-de-2017-en-mexico-

[7] Noticiero Televisa https://noticieros.televisa.com/ultimas-noticias/cifras-mes-sismo-19-septiembre/

[8] Es una cantidad estimada, porque nunca se supo con exactitud el número de personas fallecidas.

5.4. La evolución digital

Hoy en día, la tecnología ha evolucionado de tal manera que es indispensable en nuestra vida diaria. Las herramientas de comunicación, los dispositivos tecnológicos y las prácticas de producción y de consumo han cambiado a lo largo del tiempo. La historia evolutiva nos marca el cambio y la adaptación que hemos tenido hacia las fuentes de conocimiento. En la época contemporánea, los dispositivos móviles son el enlace hacia otros medios de comunicación, son la fuente que recopila información y la entrega directamente en nuestras manos.

Elena Neira, en su libro La otra pantalla. Redes sociales, móviles y la nueva televisión (2013, p. 19) menciona que, en los últimos años, "nuestro entorno digital y tecnológico ha experimentado una transformación digital" y que "se han dado pasos de gigante en la mejora de las tecnologías de acceso a internet".

Y. Martínez (2007, p. 145) menciona en su libro, Luces y sombras del periodismo ciudadano; actitudes frente a un fenómeno imparable, que "Los dispositivos móviles juegan un papel fundamental en la información, han creado un proceso de transformación digital en los medios informativos, así también, han influido en las actividades periodísticas y en la dinámica social".

Volviendo a lo que nos cuenta Elena Neira, los dispositivos actuales y las plataformas sociales "nos permiten una interacción a tiempo real, una conexión transoceánica e influencia directa de los contenidos" (2013, p. 21). Asimismo, la autora explica que las redes sociales "se han convertido en una herramienta para hacer valer su opinión" y que lo que se piensa sobre algo "importa cada vez más y se utiliza como instrumento de presión (2013, p. 28), hecho que se muestra cada vez que ocurre algo en la sociedad.

Todo esto se ve reflejado, ya no sólo en lo que se publica en las plataformas sociales, sino en las interacciones, las cuales dejan una "huella digital" como es el "(«me gusta», «comentar», «compartir», «retuit» (...)) es el correlato digital de la información que circula de boca en boca" (2013, p. 117).

Aunque no son las únicas características del uso de los teléfonos móviles, sino que llega más allá. Los autores M. Aguado e I. Martínez reflexionan sobre esto, en su libro La comunicación móvil. Hacia un nuevo ecosistema digital (2013, p. 239) en la que comentan que "la geolocalización de las personas y la ubicuidad de la información" es de gran importancia hoy en día puesto que nos permiten conocer en tiempo real dónde se encuentra el usuario, qué está realizando y qué es lo que está compartiendo con el mundo, es por tanto, que las redes sociales, al ir avanzando, van creando un abanico de posibilidades infinitas de datos e información que los mismos usuarios comparten. Quien utiliza las redes sociales se vuelve actor de su historia y de la historia de los demás, son los mismos usuarios los que generan contenido, llamándose así "prosumidores".

Nicholas A. Christakis y James H. Fowler en su libro Conectados (2010, p. 20-21), aclaran que las plataformas sociales aportan beneficios y que no "tienen nada que ver con la violencia", sino que "pueden constituirse un vehículo de gestos altruistas" que aporten soluciones o ayudas a la sociedad.

Las nuevas tecnologías y multitud de aplicaciones y redes sociales "ha multiplicado nuestra capacidad para estar en contacto los unos con los otros y nos ha levado a estar hiperconectados. Esta nueva tecnología nos puede informar del grado de conexión o desconexión a tiempo real" (2010: 283).

6. Análisis

6.1. Análisis de las herramientas comunicativas en el terremoto de 1985

En 1985, los medios de comunicación eran convencionales: radio, televisión y prensa. La información llegaba tarde y la actualización de la situación también. La metodología utilizada para analizar las herramientas del terremoto de 1985 es un análisis de caso recogido en una publicación de Molina. G., bajo el título de 'La cobertura del terremoto de México' (1986: 58-61).

Es un testimonio sobre un periodista que cuenta que, tras derrumbarse el edificio de Dirección de Noticiero y Eventos Especiales, el periodismo se transforma. Se pasó de un régimen informativo establecido donde el Gobierno decía sobre qué informar y qué decir, a que los profesionales de la comunicación fueran los protagonistas e informaran de lo que realmente veían y sucedía.

El panorama era desolador, no había guión, equipo ni instalaciones para transmitir noticias, por lo cual, los periodistas y reporteros se dieron a la tarea de buscar entre los escombros cámaras, micrófonos para transmitir noticias desde su coche, improvisando la comunicación, para tratar temas sobre la respuesta ciudadana que había ante este siniestro.

El terremoto provocó un despertar en la sociedad civil, la participación ciudadana fue fundamental para ayudar a los afectados y tuvieron un papel fundamental en los medios, puesto que no solo se centraba la información en lo que había pasado, sino en cómo iba avanzando y cómo afectaba, se trataban diversos temas.

6.2. Periódicos Digitales

Para analizar los medios digitales, decidimos dividir el estudio en cinco categorías para trabajar los elementos mencionados anteriormente. En la primera categoría, englobamos en Desastres Naturales aquellas informaciones que contengan datos sobre el sismo producido el 19 de septiembre de 2017 en México, no solo cómo se produjo, sino también, los daños ocasionados por el mismo (destrucción de los inmuebles, heridos, etc).

En la segunda clasificación, añadimos aquellas noticias que involucren la actuación y solidaridad por parte de aquellas personas y empresas que apoyaron a los afectados en el sismo (voluntariado, donaciones, rescate, etc).

A continuación, en la categoría de Redes Sociales, todos los contenidos que incluyan publicaciones en estas plataformas como lo son *Twitter* y *Facebook*. La siguiente sección, incluimos, los sucesos que estén relacionados con noticias falsas, tanto la difusión de las mismas como la rectificación y aclaración de su falta de veracidad.

Por último, en el apartado Otros, engloban todas aquellas informaciones de diferentes ámbitos como es economía, política, y curiosidades, etc.

Tabla 2. Contenido por categorías en los medios nativos digitales

MEDIO	DESASTRES NATURALES	PARTICIPACIÓN CIUDADANA	REDES	FAKE NEWS	OTROS	TOTAL
El Universal	4	40	7	6	32	89
Milenio	2	15	0	0	7	24
Excélsior	14	66	12	4	16	112
CNN	27	9	10	5	15	66
El País	10	16	7	4	41	78
El Mundo	4	4	2	2	8	20

Fuente: elaboración propia

Podemos observar que el medio que dio más cobertura al terremoto a nivel nacional fue Excélsior, de los cuales la gran parte de informaciones tratan sobre la participación ciudadana en el desastre natural, le sigue noticias de otros ámbitos, sobre el terremoto, las redes sociales y por último, las *fake news*.

El medio que más noticias publicó a nivel internacional fue El País, con un total de 78 informaciones, de los cuales 41 trataron el tema desde ámbitos completamente diferentes a los que se estudiaron en la investigación; le sigue la participación ciudadana, el desastre natural, redes sociales y *fake news*.

Centrándonos en los medios de comunicación nacionales, El Universal y Milenio destacan por el protagonismo que le dan a la participación ciudadana y le siguen otros hechos informativos. En el caso de El Universal hay más noticias en relación a las plataformas sociales con un total de 7 publicaciones, mientras que Milenio, publicó más episodios sobre el desastre natural, unos dos artículos.

En relación con los medios de cobertura internacional, nos damos cuenta de que CNN se centró, en su mayor parte, en el terremoto con un total de 27 informaciones, y otras temáticas en relación a ella y las redes sociales. Por su parte, El Mundo, se centra en otros ámbitos, el desastre natural y la participación ciudadana, con cuatro noticias en cada una de ellas.

6.3. Trendinalia

Hemos seleccionado esta aplicación para conocer el movimiento que hubo en *Twitter*, una de las redes sociales, como ya se ha comentado, más utilizadas por los usuarios, sobre todo para hacer llegar la información al momento a millones de personas.

Para conocer los *Trending Topics* utilizados en México sobre el terremoto durante los primeros días del suceso, del 19 al 26 de septiembre, hemos utilizado Trendinalia[9], una página que sirve para conocer cuáles son las palabras o *hashtags* más usados en *Twitter*. Para ello, hemos delimitado la búsqueda en las primeras 20 posiciones.

Desde el primer día del terremoto, vemos que hay dos *trending topics* en relación al mismo, uno sobre el simulacro que se iba a realizar ese mismo día y #Richter, sobre la magnitud del sismo. El día 19 no hubo tanta actividad como el resto de los días, puesto que fue cuando se produjo el terremoto.

El segundo día encontramos seis ocupando los primeros puestos. En primer lugar, se pide ayuda para la Ciudad de México. En tercera posición encontramos *hashtags* que dan apoyo a una de las ciudades más afectadas, #SomosPuebla.

Cabe destacar que en cuarto lugar aparece la etiqueta #RevisaMiGrieta, que consistió en publicaciones de fotos de casas o edificios, por parte de los afectados, con aberturas. Los profesionales respondían si era seguro o no estar ahí. Como podemos observar en la quinta posición, vemos el nombre del colegioque se derrumbó y que causó bastante expectación al conocer la no-

---

[9] Trendinalia: https://www.trendinalia.com/twitter-trending-topics/globales/globales-180628.html

ticia de que una niña llamada Frida Sofía estaba atrapada con vida, información que resultó falsa, pero desde un primer momento se le dio cobertura tanto en los medios como en redes sociales.

Otro de los *hashtags* es #Verificado19S que se trataba de una página que se encargaba de verificar y actualizar la información sobre el terremoto, puesto que en ocasiones se difundían contenidos falsos por redes sociales como es *Twitter*. Por último, #TuiterosUnidos, un apoyo de los usuarios de esta plataforma en la que informaban acerca del sismo y datos de interés como números de teléfonos.

El 21 de septiembre el número de *trending topics* acerca del terremoto aumenta a 12. Se habla de los perros que ayudaban a rescatar a las personas atrapadas en sus casas; de un gran apoyo a los mexicanos; sobre personas que se convirtieron en héroes por salvar a mucha gente; de lo que se necesitaba para ayudar a los afectados (comida, agua...) y de lugares de acopio. Asimismo, se repiten las etiquetas que hablan de Frida Sofía y de Verificado 19 S.

Al día siguiente se repiten varios *hashtags* como es el de Verificado, lo que se necesita para los afectados y los rescates. Aparte, se habló sobre una zona que se derrumbó, #multifamiliartlalpan. El 23 de septiembre también fueron varios *hashtags* utilizados en relación al sismo. Se repiten varios: sobre los rescates, la perra rescatista, la zona derrumbada, lo que se necesita en los lugares afectados...También hubo otros recordando que, si envías ayuda, llega a los perjudicados en el sismo y de apoyo al país. Al día siguiente la mayoría de ellos consistía en dar apoyo y fuerza. Se destaca #SkyAlert, una aplicación que te avisa de los sismos que se van a producir con una antelación de hasta 120 segundos.

El 25 fueron tres los que estaban entre los primeros 20 puestos: dos de ánimo, apoyo y fuerza #ElSignificadoDeSerMexicano y #ArribaMéxico. Y se repite el de Verificado. El último día se repitieron como en las veces anteriores, el de Verificado, y #SignificadoDeSerMexicano. Aparte, en tercera posición aparece #19SMX hablando sobre el sismo ocurrido el 19 de ese mes.

6.4. Fake News

La existencia de Internet ha supuesto un gran cambio a la hora de informar, las noticias llegan con rapidez y a un gran número de personas a nivel global. Sabemos que esto es muy positivo pero no por ello deja de tener su parte negativa. En muchas ocasiones hemos visto numerosas noticias que resultan ser falsas o se manipulan imágenes que no están realmente relacionadas con la información, lo que supone un problema puesto que se confunde a los usuarios y se viralizan contenidos que no son veraces.

El terremoto de México llevó consigo numerosas informaciones que eran falsas o no estaban actualizadas. El ejemplo más notorio fue el de la niña atrapada en el derrumbe de un colegio Enrique Rébsamen. Hubo una gran cobertura mediática alrededor de ella, muchos medios y diversas redes sociales no paraban de circular información de Frida Sofía, la cual nunca existió. Medios como Televisa[10] publicaron en su página web bulos que estaban circulando como "La ONU predice un sismo de 10.5 grados", cuya misma organización tuvo que desmentir dichas informaciones.

Figura 1: La cuenta oficial de twitter de la ONU México desmitiendo los bulos

6.5. Aplicaciones utilizadas en el terremoto de 2017

Ante el terremoto de 1986, la membrana ciudadana y gubernamental estaba tan afectada que eran conscientes de que en cualquier momento podría volver a pasar lo que habían vivido, un terremoto de una magnitud enorme que golpeó con todas sus fuerzas a un pueblo inexperto. Sin embargo, al momento de levantarse, también se reconstruyó esa conciencia que le permitió

---

[10] Noticiero Televisa: http://noticieros.televisa.com/ultimas-noticias/nacional/2017-09-24/fake-news-que-se-viralizaron-redes-sociales-sismo-mexico/

entender que está a la merced de la naturaleza, por lo tanto, debe de prevenir y planificar.

Tres años después, en 1989, se comenzó a rodar el proyecto Sistema de Alerta Sísmica (Sasmex), el cual, al día de hoy es una red de alarmas sísmicas que se encuentran en distintas localidades del país que presentan frecuente actividad sísmica y que, en el caso de la ciudad de México, esta alarma se activa cuando los sensores detectan sismos de magnitud mayor a 6 grados, emitiendo una alarma en los más de 8,000 altavoces presentes en esta urbe.

Asimismo, se crearon otras aplicaciones:

- **SkyAlert.** Envía alertas de sismos hasta 120 segundos antes del impacto.

- **App 911**. El Gobierno de la Ciudad de México, notifica a los usuarios cuando se detecto un sismo de mas de cinco grados.

- **Bridgefy**. Aplicación creada por desarrolladores mexicanos que permite enviar mensajes sin la necesidad de conectarse a internet, hasta en un rango de 100 metros.

6.6. Aplicaciones creadas después del terremoto de 2017

Con base en la Encuesta Nacional sobre Disponibilidad y Uso de Tecnologías de la Información en los Hogares (ENDUTIH)[11] publicada en 2016, por el Instituto Instituto Nacional de Estadística y Geografía (INEGI), en México existen 65.5 millones de usuarios de internet, de los cuales el 76% utiliza smartphones.

Vivimos en un contexto donde la tecnología avanza más rápido que el hombre, teniendo como principal característica la ubicuidad, logrando así, que la información se encuentre al mismo tiempo en todas partes.En este terremoto también se observó esa omnipresencia, pues ante las necesidades y problemáticas que fueron surgiendo al momento, así también tuvieron una respuesta inmediata por parte de la sociedad la cual se apoyó de las herramientas digitales para compartir y extender el auxilio en tiempo real.

Dentro de estas herramientas encontramos:

- **Reporte Responsable**. Creada por el Colegio de Ingenieros Civiles de México (CICM), el usuario toma una fotografía del edificio dañado y un conjunto de brigadistas responderá a las condiciones de las edificaciones.

---

[11] http://www.inegi.org.mx/saladeprensa/aproposito/2017/internet2017_Nal.pdf

- **micasaestucasamexico.com**. Red que ofrece lugar temporal y gratuito para la gente que se quedó sin hogar tras el sismo

- **mediQó**. Brinda servicio médico gratuito.

- **Finder.** Desarrollado por alumnos mexicanos del Instituto Politécnico Nacional (IPN), ayuda a localizar a personas mediante sus coordenadas, no requiere conexión de internet.

7. Conclusiones

Las redes sociales han traspasado los límites de su función para la que fueron creadas: la interacción con otros usuarios para conocer y aportar conocimientos. Están tan presentes en la vida diaria, que la hemos adaptados a nuestras necesidades, llegando a conseguir cambios sociales o aportando ayuda, como es el tema de nuestra investigación, las cuales fueron una pieza clave para organizar la sociedad en ese momento.

El objetivo de nuestra investigación era conocer y profundizar en herramientas comunicativas que a día de hoy son indispensables para cualquier situación. Y con ello, hemos llegado a las siguientes conclusiones:

1. Los medios de comunicación se centran en la participación ciudadana

2. A pesar de las publicaciones de redes sociales no son prioritarias, supone cierta importancia por parte de los medios

3. El uso de aplicaciones digitales conllevan una conexión información-usuario, la cual ha servido de herramienta para ayudar a los afectados y exista una relación entre los profesionales y los damnificados del desastre.

4. Día a día se recibe y comparte gran cantidad de información, con la que hay que tener un especial cuidado para evitar la intrusión de datos falsos, bulos y noticias desactualizadas.

En cuanto a la comparativa de las herramientas utilizadas en ambos terremotos, hemos determinado que:

1. En ambos casos se dio una participación ciudadana, a pesar de la diferencia de épocas, se cumplió con su deber civil, no solo acudiendo personalmente al siniestro, sino con el uso en las plataformas digitales, aportando una colaboración más autónoma y a la vez colectiva, logrando que sea mucho más visible la actuación por parte de los ciudadanos.

2. También se pasa de una menor repercusión a una mucho mayor, ya no solo es primordial el medio convencional sino su convivencia con el digital.

3. Se pasa de una menor preparación ante el desastre a una mayor, en la que se han creado diversas aplicaciones para ello y así conseguir salvar más vidas.

4. Por último, se pasa de una restricción de la información a una mayor libertad en la que no solo se centra en datos objetivos, sino que abarca más ámbitos y de una manera más subjetiva.

Ante este escenario, observamos que las tecnologías configuran una manera de comunicar, forman parte de nuestra realidad y de los procesos de participación ciudadana. Con ello, existe un empoderamiento digital y una reacción colectiva.

Queremos dejar una pregunta para reflexionar, como hemos visto gran parte de las publicaciones en los medios de comunicación tratan sobre la participación ciudadana y con ello nace la siguiente cuestión, ¿es conveniente pensar que esto es así porque los consumidores de estos diarios buscan una visión humanista ante el desastre?

8. Referencia bibliográficas

Aguado, M., Feijóo C. y Martínez I. (2013). La comunicación móvil. Hacia un nuevo ecosistema digital. España: Gedisa Editorial. 239

Campos-Freire, F. (2012). La nueva generación de herramientas de la comunicación. Revista Iberoamericana de Sistemas, Cibernética e Informática, 9 (1), 36-37.

Christakis, Nicholas A.; Fowler, James H. (2010). Conectados. Madrid: Taurus. 20, 21 y 282.

CNN en español https://cnnespanol.cnn.com/

El Mundo http://www.elmundo.es/

El País https://elpais.com/

El Universal http://www.eluniversal.com/

Estrella, J. (2018). Ciudadanía y participación ciudadana en la ciudad de México. América Latina Hoy. España. 123

Excélsior http://www.excelsior.com.mx/

Marchoni, M. (199). Comunidad, participación y desarrollo. Teoría y metodología de la intervención comunitaria. Madrid: Editorial Popular. 15-16.

Martínez, Y. (2007). Luces y sombras del periodismo ciudadano: actitudes frente a un fenómeno imparable, en Estudios del mensaje periodístico, 13. 145.

Milenio http://www.milenio.com/

Molina. G. (1986). La Cobertura del Terremoto en México. Revista Latinoamericana de Comunicación, Ecuador. 20. 58-61

Neira, Elena (2013). La otra pantalla. Redes sociales, móviles y la nueva televisión. Barcelona: Editorial UOC.. 19

Noticiero Televisa(2017). #Sismo. Estas son las cifras a un mes del sismo del 19 de septiembre. Recuperado de https://goo.gl/pveHu4https://goo.gl/pveHu4

Noticiero Televisa (2018).#Sismo 'Fake news' inundaron las redes sociales tras el sismo en México. Recuperado de goo.gl/LxPcjk

Portal Ciencia UNAM (2017). ¿Qué ocurrió el 19 de septiembre de 2017 en México? Recuperado de https://goo.gl/ayrh4Y

Trendinalia (2018). Recuperado de: goo.gl/qYd1zVCopy short

LOS LÍMITES DE UNA INTERCONECTIVIDAD ILIMITADA: DEL POTENCIAL ECONÓMICO AL RETO JURÍDICO

Tamara Álvarez Robles
Universidad de León, España
Núria G. Rabanal
Universidad de León, España

Resumen

En septiembre de 2016, la Comisión Europea en su informe *"Hacia una sociedad de Gigabits"* presentó sus objetivos en el marco de la estrategia de mercado digital y la agenda digital europeas. Implementar y cumplir con esos objetivos impone la necesidad de afrontar no sólo cambios estructurales importantes que van a afectar al modelo económico y social, sino también la necesidad de afrontar incertidumbres en materia de seguridad y defensa. Los beneficios de una economía que integra las TIC es evidente no sólo para los países desarrollados, sino también para los que están en vías de desarrollo. Las oportunidades son claras en todos los sectores. La introducción de ecosistemas digitales conlleva grandes disparidades entre países tanto económicas como sociales y la aparición de posibles amenazas que demandan la necesidad de resolver barreras a su desarrollo y establecer regulaciones en su uso.
La incorporación de los riesgos inherentes a la conectividad -no sólo para los ciudadanos europeos, sino también para la estabilidad de los Estados en sus estrategias de seguridad- y la delgada línea que separa este tipo de controles de la vulneración posible de derechos y libertades serán retos que deberán ser resueltos. La Unión Europea carece de una política de seguridad y defensa real integrada pero sí tiene claras la potencialidad del mercado único digital y la estrategia de ciberseguridad europeas. El objetivo de nuestro trabajo es, por una parte, mostrar el impacto económico y social que tiene el acceso a la interconectividad al tiempo que mostrar, por otra parte, los retos normativos que implica este nuevo fenómeno con especial referencia a los delgados límites que existen para la protección de libertades y derechos entre la garantía de seguridad y la necesidad de su control.

Palabras claves

ciberseguridad, derechos, interconectividad, mercado digital.

1. Interconectividad, ecosistemas tecnológicos y riesgo digital en un contexto global.

Cuando revisamos los orígenes de internet nos encontramos que, al igual que sucede con otros muchos ámbitos de nuestra vida, sus orígenes fueron militares. A finales de los años sesenta y en el gélido entorno global dominado por la Guerra Fría, el Departamento de Defensa de los Estados Unidos desarrolló intensivamente un proyecto de comunicaciones que culminaría en ARPANET (Leiner et al., 2009) primer antecedente conocido de lo que tras años de trabajo y perfeccionamiento acabaría dando lugar a lo que hoy conocemos como internet.

En el momento en el que estos avances se fueron trasladando a la sociedad civil comenzó a generarse toda una nueva dimensión que acabaría por cambiar nuestras vidas y nuestro mundo de manera desconocida hasta ahora. Una vez instalado internet en el mundo civil, las ventajas de intercambio de información y sobre todo la conexión a gran velocidad motivaron la expansión de una interconectividad imparable y determinante para el futuro.

El desarrollo de las tecnologías de la información y las comunicaciones no sólo afecta a todos los aspectos de la economía en general, sino en cómo los bienes y servicios son diseñados, producidos, distribuidos y vendidos. Igualmente, transforma el comportamiento de los ciudadanos, los consumidores, la industria y los propios gobiernos imponiendo la necesidad de convertirnos en ciudadanos digitales. La participación en la sociedad digital no sólo ha de servir para la economía sino también para el desarrollo de soluciones a grandes temas como el cambio climáticos, la creciente competencia global entre las economías o la respuesta a necesidades de segmentos de la sociedad marginados hasta ahora de la era digital como son los pobres, menos cualificados o marginales digitales o no. El riesgo de la falta de control sobre esas nuevas tecnologías incluye la progresiva y cada vez mayor brecha digital que acentúa -más aún- las diferencias entre los ciudadanos y las naciones.

Tal y como señala la International Communication Union[12] (ITU, 2017a) la aceleración constante del mundo de las comunicaciones potencia disrupciones económicas y sociales que pueden ser graves si no se diseñan y adoptan estrategias consensuadas en las tecnologías de la información y las comunicaciones en sectores como la educación, los mercados y el mercado laboral o las políticas gubernamentales.

---

[12] A partir de ahora utilizaremos el acrónimo ITU para referirnos a esta organización internacional.

La brecha digital acelera y potencia las diferencias entre los países y es por ello que desde muchos organismos internacionales (ONU, OCDE[13]) se trabaja para elaborar estrategias y sobre todo eliminar barreras tecnológicas. La figura 1 muestra el grado de desarrollo por tipo de tecnologías entre los países desarrollados, en vías de desarrollo y subdesarrollados. Claramente vemos que los primeros se sitúan por encima de la media mundial, que la mayor participación es en conexiones de móviles para todo el conjunto de países analizados y que, en todas y cada una de las categorías analizadas, los países pobres o subdesarrollados tienen unos bajos niveles de participación. Mientras que en los países desarrollados el 84.4% de los hogares disponen de conexión a internet, en los países pobres ese porcentaje sólo asciende al 14.7% lo que pone de manifiesto no sólo la brecha tecnológica sino el potencial desajuste económico y social cuando el componente tecnológico marque el devenir del crecimiento de dichas economías.

Figura 1. Distribución del uso de TIC por grado de desarrollo

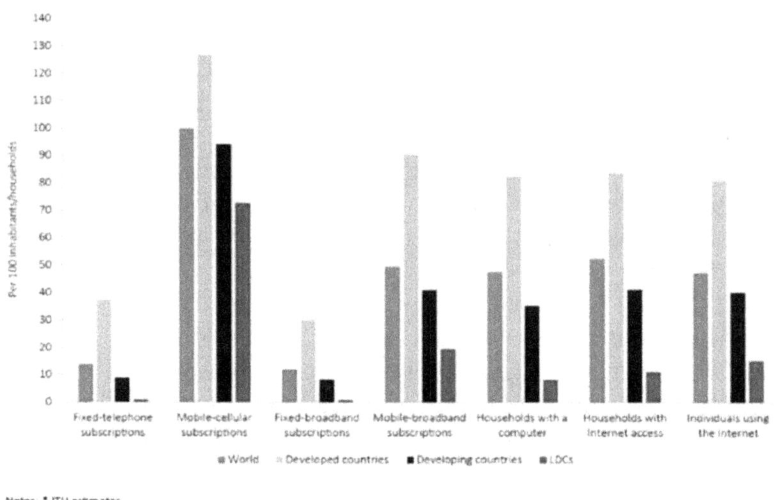

Fuente: International Communitation Union (2017)

Tanto expertos como organizaciones internacionales o analistas de la industria (WEF[14], 2009) están de acuerdo en la relación directa que existe entre el uso de las TIC y un crecimiento macroeconómico positivo. Según un estudio realizado por Boston Consulting Group (Boston Consulting Group, 2009) un incremento de 10 suscriptores por cada 100 habitantes en

---

[13] ONU, acrónimo de Organización de Naciones Unidas. OCDE, acrónimo con el que nos referimos a Organización para la Cooperación y el Desarrollo Económicos.

[14] WEF Acrónimo para referirnos al World Economic Forum.

el acceso a la banda ancha en países en vías de desarrollo tendría un impacto del 1.2% de incremento en el PIB[15] per- cápita de ese país.

Se ha pasado de hablar de modelos económicos a nuevos términos como *ecosistemas de sistemas de información y comunicaciones, creatividad disruptiva* o la *economía creativa* (World Economic Forum, 2009; 2018) en relación a conceptos ligados al efecto del impacto de la comunicación y la conectividad. Los ecosistemas tecnológicos multiplican los beneficios en sectores como la eco-sostenibilidad, la educación, el e-gobierno, las finanzas o la salud[16] y potencian el surgimiento de nuevos modelos económicos colaborativos y de relación.

Pero es cierto que estos ecosistemas digitales no están exentos de problemas. Algunos de estos problemas están asociados a la disponibilidad o no de capacidad para implementar nuevas tecnologías y otros están relacionados con la protección de los usuarios y la seguridad en el uso de las redes.

Es posible que tal y como señalan algunos autores (Longstaff, Chittister, Pethia, & Haimes, 2000) la emergente dominancia de lo tecnológico esté afectando negativamente a aspectos de la seguridad de los países. La creciente complejidad de los sistemas de información se ve potenciada por una mayor interconectividad que conlleva creciente interdependencia entre infraestructuras permitiendo una accesibilidad y vulnerabilidad creciente en la defensa y seguridad. Sectores estratégicos como son la banca, las comunicaciones o las infraestructuras críticas ejemplifican este valor. La complejidad de la sociedad tecnológica hace que tenga miles de dimensiones (la técnica, organizacional, institucional, cultural, política) que han de estar interconectadas de cara a una posible estrategia de protección y en la estimación del riesgo. La cooperación transversal emerge como la única posibilidad de diseñar una estrategia que defienda el uso de las TIC ante posibles amenazas.

Una de las fortalezas y a la vez debilidad de una red como internet es que resulta muy difícil, cuando no imposible, en determinados entornos la identificación del origen del ciberataque. La existencia de la red TOR o internet

---

oscura (también con orígenes en defensa[17]) proporciona la no identificación y encriptación de datos sin que se conozca con seguridad ni la identidad digital o IP del emisor ni del receptor. Lo que nació como una forma de garantizar el derecho a la "libertad de expresión" digital ha terminado por favorecer también la pornografía infantil, el tráfico de drogas y armas y otras actividades maliciosas que han enraizado en estos servidores. El debate sobre dónde están los límites y sobre todo que plantea la lucha contra la ilegalidad está abierto.

El incremento en el uso de los ciberataques como instrumento político para alterar las relaciones internacionales, el uso de las redes sociales como medio de influencia mediática "fake news", los ataques son software malicioso a entidades bancarias y grandes empresas pueden ser considerados ejemplos claros de que el control de internet y el ciber-espacio emerge como un objetivo claro en las estrategias nacionales de ciberseguridad[18] convirtiéndolo en un aspecto clave para la seguridad y defensa de los Estados y de organizaciones supranacionales.

2. Los retos europeos en conectividad: el mercado único digital y la estrategia de ciberseguridad

La Unión Europea ha sido consciente del potencial que supone la integración de las nuevas tecnologías. Teniendo en cuenta el índice ICT[19] elaborado por la ITU de Naciones Unidas, lidera el uso tecnológico a nivel mundial (ITU, 2017b). En el ranking por países, ocho Estados miembros de la UE están entre los doce primeros del ranking mundial lo que pone de manifiesto el liderazgo europeo en este campo.

---

17 La red TOR (The Onion Routing) se inició como un proyecto de investigación dela Marina de EEUU de creación de un protocolo que resistiese el análisis, escuchas y ataques tanto de agentes externos como de enrutadores maliciosos.

[18] Véase en este sentido la web del mando conjunto de ciber-defensa de la OTAN (CCD-COE) donde pueden encontrarse todas las estrategias de los miembros de la OTAN en esta materia.

19 El índice ICT or IDI es un índice que integra indicadores relacionados con el acceso a las nuevas tecnologías, su uso y las herramientas de la sociedad de la información. Formado por once indicadores, permite medir y comparar el grado de desarrollo e implantación de las tecnologías de la información y las comunicaciones.

Figura 2. Comparación del índice ICT por región con la media global de 2017

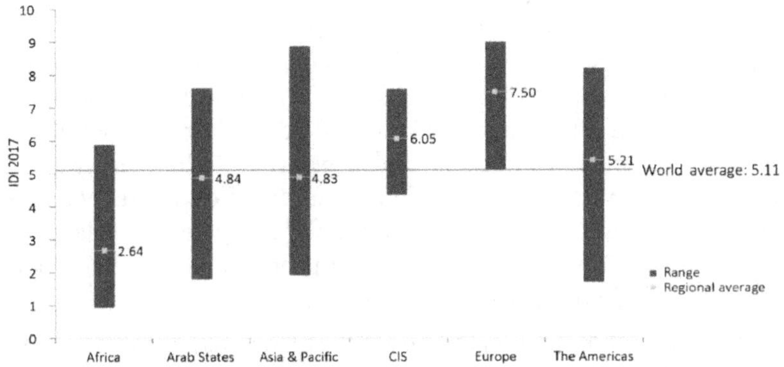

Fuente: Ob Cit ITU (2017, p.64)

Es sabido que la apuesta desde los comienzos de la actual Unión Europea por un mercado único que favoreciese la libre movilidad de personas, mercancías y capitales se ha hecho realidad. Tras el trabajo de muchos años de los Estados miembros y las instituciones europeas suprimiendo barreras técnicas, jurídicas y burocráticas que impedían este logro, las ventajas de un mercado único europeo son claras en todos los sentidos.

El beneficio generado ha permitido -a través de un aumento de la competencia- beneficios para los ciudadanos europeos traducidos en unos precios más justos y una mayor oferta. Aun así, es cierto que existen barreras difíciles de superar como son la fragmentación de los sistemas fiscales, la ausencia de libre competencia en mercados muy oligopolistas o la eliminación de barreras transfronterizas de algunos de los servicios ofertados.

Con la llegada de las TIC esta libertad de circulación ha traspasado el mundo de las transacciones reales a una dimensión digital de una economía "en línea" cada vez más importante y con mayores impactos que también acarrea nuevos retos. Según el Eurobarómetro europeo[20] los europeos se muestran a favor del desarrollo de un mercado digital único en todos y cada uno de los países europeos, un deseo que ha sabido recoger la propia Comisión Europea (European Commission (EC), 2016) en el marco de sus objetivos al manifestar que es indispensable trabajar en un mercado único digital que permita la expansión del crecimiento y la difusión de las innovaciones para todos y cada uno de los europeos, eliminando obstáculos que puedan privar de esos derechos.

---

20 Los resultados pueden verse en http://ec.europa.eu/commfrontoffice/ publicopinion/index.cfm/Chart/getChart/themeKy/29/groupKy/318/chartType/barChart/savFile/850

Los beneficios de un mercado único digital no sólo permiten que los ciudadanos puedan disfrutar de una gama más amplia de bienes servicios o productos, sino que también potencia que las empresas dispongan de un terreno seguro donde expandir sus actividades con el empuje que ello supone para el empleo y la sostenibilidad de Estado del Bienestar. Es por ello que se trabaja por eliminar las barreras al mercado digital único y por el control de intrusiones en su funcionamiento y la garantía de los derechos de los usuarios o demandantes, así como de los oferentes de bienes y servicios. Cumplir con ese objetivo supone un reto regulatorio y de seguridad sin precedentes y que la UE está dispuesta a integrar en dos de sus estrategias: la del mercado único digital y la de ciberseguridad.

El desarrollo saludable del mercado digital único exige que desde la UE se trabaje por la eliminación de problemas que podemos llamar *"convencionales"*[21]que frenan su desarrollo pleno.

- Promoviendo una logística de mercancías que permita una reducción de los costes de paquetería. El 90% de los comparadores en línea tienen en cuenta a la hora de comprar en el mercado virtual estos costes además de las opciones de devolución. En este sentido, se ha de considerar la coordinación de sectores reales y virtuales como son el del transporte y la logística de la compra de bienes en el mercado digital.
- Luchando contra el bloqueo geográfico facilitando el comercio electrónico transfronterizo habitual entre vendedores que no sirven en determinados espacios geográficos o que bloquean las compras del usuario a una *"frontera virtual"* lo que reduce la competencia.
- Modernizando los derechos de autor. Hoy en día el fraude digital y sobre todo la enorme oferta de contenidos digitales en internet supone un reto muy importante para las instituciones comunitarias.
- Simplificando el régimen de impuestos como el IVA que afectan a la competitividad del mercado y que claramente conectan los problemas derivados de la falta de una política de armonización fiscal con el pleno desarrollo del mercado digital europeo.

Igualmente se trabaja por aspectos que dificultan el desarrollo del mercado digital menos convencionales como, por ejemplo, la portabilidad de los contenidos en línea garantizando que la nueva legislación en este campo se adapte mejor a las necesidades de un mercado creciente o implementado mecanismos que impidan la vulneración de las personas a través del uso de redes sociales.

---

[21] El término convencional hace referencia a obstáculos que pueden ser comunes al mercado real de bienes y servicios.

La potencialidad del mercado digital se enfrenta a los retos inherentes a la apertura de un mercado emergente con fortalezas muy grandes pero también al control y garantía de una seguridad en esa interconectividad y lo que a ella parece unida. El principio básico de actuación de la UE[22] ha sido el de trasladar los principios, valores y libertades que rigieron el mercado único europeo al ámbito digital.

Bajo estos principios, la estrategia digital europea (EU, 2014) está dirigida a tres objetivos fundamentales: mejorar el acceso de los consumidores y las empresas a los bienes y servicios digitales en toda Europa, crear las condiciones para que la igualdad de acceso y condiciones de las redes digitales y servicios innovadores avance en la sociedad europea, y maximizar el potencial de crecimiento económico que ofrece la economía digital. Estos objetivos se acompañan de un conjunto de medidas específicas entre las cuales se encuentra la interoperabilidad de internet, la confianza y seguridad de los usuarios, y la privacidad en línea.

Figura 3. Resultados del Eurobarómetro[23] (2017)

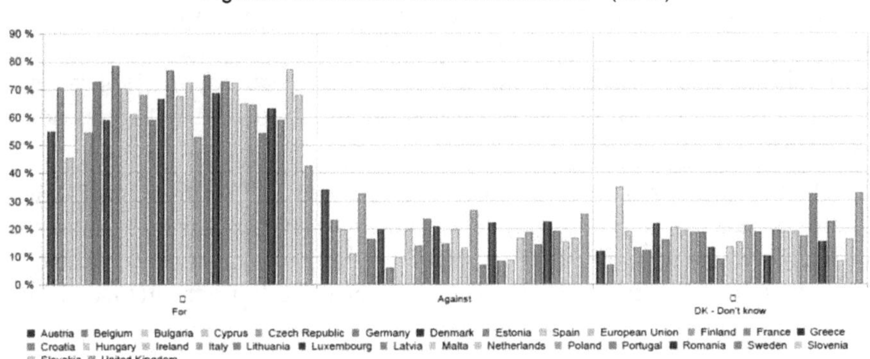

Fuente: Eurobarómetro (2017)

La firme voluntad de la UE de garantizar un ciberespacio abierto y libre requiere también de medidas de seguridad y protección que lo acompañen. La ciberseguridad se ha convertido en el esqueleto que soporta el crecimiento de los últimos años y en la clave para sectores críticos como la energía, el transporte o las comunicaciones, pero también uno de las mayores debilidades en cuanto a la garantía de los usuarios.

Garantizar los derechos y libertades consignadas en los Tratados de la UE en un mundo digital implica la asunción del control de algunos aspectos por

---

[22] UE acrónimo con el cual nos referiremos a partir de ahora a la Unión Europea.

[23] La pregunta realizada en los términos "Dígame si está usted a favor o en contra de: un mercado digital único dentro de la Unión Europea"

parte de quienes son responsables de la Seguridad Nacional de los Estados
miembros sin que esté muy claro el límite de hasta donde esos instrumentos
son garantes de esas libertades o no. Hay para quienes (Zittrain, 2017) las
tecnologías de la información y las comunicaciones al tiempo que promue-
ven unas libertades permiten el recorte o desaparición de otras. Es posible
que asistamos a una militarización de internet en la medida en que las TIC
han convertido la red no sólo en una amenaza de determinados principios
o derechos sino en una vía efectiva para el dañar a la población con informaciones distorsionadas o incluso desestabilizar y destruir sistemas de comunicaciones vitales para la economía de un país o región.

3. Retos regulatorios en el ciberespacio

El fenómeno de la globalización viene marcando un cambio que se acentúa
en las últimas décadas no sólo por el creciente interés que despierta en las
diferentes ramas del conocimiento, sino por el impacto que tiene en la vida
diaria de las personas, del individuo y de las sociedades. Se tiene la sensa-
ción de que el ciberespacio se ha convertido en un "lugar" donde la ausencia
de fronteras físicas y la dificultad de encontrar a sus responsables y en consecuencia castigarlos, concede cierta impunidad (Reguera, 2015) para agre-
dir derechos fundamentales y desestabilizar elementos estructurales de un
Estado o una economía.

Las TIC han supuesto no sólo acortar tiempo y espacio, alterar las instituciones estatales, sino crear un nuevo poder que se comporta de forma im-
predecible y que apenas puede someterse a un control, creando nuevos y
renovados derechos individuales y sociales que trascienden incluso al propio Estado.

La conectividad y su consolidación crecientes en nuestra sociedad ha aca-
rreado una emergente incertidumbre sobre su regulación y el debate en
campos como la ética, el derecho y la política. Los retos en este sentido se
han centrado en si es posible y necesario intervenir estos ámbitos para poder garantizar ese espacio y su uso; si la regulación ha de hacerse desde la
autoregulación o la heteroregulación, cómo establecer los límites de posible
intervención en los casos en los que se vulneren derechos o aspectos básicos
de las personas y qué nuevos derechos o libertades pueden o no surgir en
este plano de lo virtual.

Una primera cuestión que se puede plantear es determinar si los límites de
internet han de plantearse desde la auto-regulación o la hetero-regulación
o lo que es lo mismo: si los usuarios son capaces de establecer normas de
funcionamiento interno basadas en la confianza mutua y la responsabilidad
compartida o se hace indispensable una regulación externa.

El ciberespacio requiere de la definición de conceptos y el establecimiento de los límites asociados a su uso. Tal y como señala (Navalón, 2012) es necesario establecer si el uso del ciberespacio es un derecho o no y en caso afirmativo saber cómo protegerlo. El impacto de Internet y todo lo que ello implica supone además la afección de los derechos humanos tradicionales en su visión negativa relacionados con cuestiones como los derechos a la intimidad, la propia imagen, la dignidad y el honor, los derechos relacionados con la libertad sexual y delitos de difusión de imágenes informaciones, la propiedad intelectual, industrial, consumo, la seguridad del Estado y el orden público. En su vertiente positiva podemos conectarlo con derechos como, libertad de expresión, información, la diversidad y libertad cultural, como un canal de participación pública, canal inclusivo para quienes sufren discapacidades, dispersión geográfica.

Somos conscientes de que atendemos a una evolución cuasi paralela entre la discusión doctrinal de la existencia de nuevos derechos y/o la modificación o alteración de derechos preexistentes, por las tecnologías de la información y la comunicación, y la propia evolución de éstas. Ello trae como consecuencia la apreciación de debates en torno a la regulación de las tecnologías de la información y la comunicación en tanto en cuanto éstas supongan un cambio de paradigmas en los valores y principios que ya forman parte del ordenamiento jurídico.

Los retos normativos que plantea la creciente conectividad no sólo afectan al desarrollo o el establecimiento de límites sobre esos derechos, sino que plantean dificultades a la hora de establecer los mecanismos de coordinación a diferentes niveles para la acción legal cuando estos derechos son vulnerados e implican la afectación de varias jurisdicciones y ámbitos jurídicos.

La *Agenda Europea 2018* se presenta como punto de inflexión no sólo en lo que respecta al mercado único digital, sino también respecto a la interconectividad y al compromiso con los derechos y libertades de los ciudadanos de europeos. Los Estados habrán de proceder a las revisiones de sus marcos normativos, a la firma de compromisos a futuro en las áreas mencionadas.

El mercado único digital, en clave europea, como apuntamos anteriormente, plantea una serie de retos normativos, que se traducirán en la armonización de las normativas internas de los Estados miembros de un lado, fundamentalmente a través de normativa reglamentaria y directivas europeas (cuyo título de intervención deriva del TFUE arts. 179 a 190 "investigación y desarrollo tecnológico y del espacio"), y en un cierto acomodo de la normativa internacional de otro. Mientras que los aparatos legislativos tradicionales, guiados por la Unión Europea profundizarán en aquellas cuestiones más importantes y que precisan de una vinculación y compromiso mayor; a través de "normativa soft", de tipo informal, flexible, con un menor grado de vinculación, y procedencia tanto pública (recomendaciones, decisiones, informes de la UE) como privada (normativa ISO, compliance), se pretenderá la respuesta de aquellos acontecimientos que precisan una rapidez e inmediatez.

La importancia de la interconectividad, cuya característica preeminente supone la transversalidad, la implicación de todos los aspectos estatales, supranacionales, intergubernamentales, públicos y privados, apuntados en los inicios del presente trabajo, hace imprescindible la una revisión del esquema de ciberseguridad Europeo, y que se concentrará en la Directiva sobre seguridad de las redes y sistemas de información (Directiva SRI) y en la obligatoriedad del Reglamento General de Protección de Datos (RGPD) como ha quedado comprobado los días 19 y 20 de octubre de 2017 en el Consejo de Europa.

Respecto a la Directiva SRI, que pretende la coordinación interestatal en materia de ciberseguridad, los Estados miembros que aún no hayan incorporado la Estrategia de Ciberseguridad al derecho interno, tendrán de plazo para su incorporación hasta mayo del presente año. De este modo se establecen obligaciones de seguridad que habrán de cumplir los prestadores de servicios energéticos, del transporte, la sanidad, las finanzas y los proveedores de servicios digitales.

A tal fin, la Directiva SRI, establece obligaciones para todos los Estados miembros de adoptar una estrategia nacional de seguridad de las redes y sistemas de información; crea un Grupo de cooperación para apoyar y facilitar la cooperación estratégica y el intercambio de información entre los Estados miembros y desarrollar la confianza y seguridad entre ellos; crea una red de equipos de respuesta a incidentes de seguridad informática "red de CSIRT", con el fin de contribuir al desarrollo de la confianza y seguridad entre los Estados miembros y promover una cooperación operativa rápida y eficaz; establece requisitos en materia de seguridad y notificación para los operadores de servicios esenciales y para los proveedores de servicios digitales y establece obligaciones para que los Estados miembros designen autoridades nacionales competentes, puntos de contacto únicos y CSIRT con funciones relacionadas con la seguridad de las redes y sistemas de información.

Finalmente, otro elemento principal trata de las obligaciones que alcanzan a diversos sectores, como los operadores de infraestructuras críticas y las administraciones públicas, quienes deberán adoptar prácticas de gestión de riesgos y notificar a la autoridad nacional de ciberseguridad los incidentes significativos que se produzcan en relación con los servicios básicos que prestan.

Mientras el RGPD, está suponiendo una revisión de la normativa preestablecida a nivel nacional sobre protección de datos de carácter personal, derecho fundamental, tendente a la mayor exigencia y responsabilidad. Los ciudadanos podrán ejercitar los conocidos como derechos ARCO, acceso, rectificación, cancelación y oposición, con una garantía adicional a los ciudadanos europeos. El Reglamento introduce nuevos elementos, como el derecho al olvido y el derecho a la portabilidad, que mejoran la capacidad de decisión y control de los ciudadanos sobre los datos personales que confían a terceros y su aplicación en el territorio europeo es homogénea. Quizá lo significativo aquí pueda ser ese margen de los menores al prestar su consentimiento, sin necesidad de que lo hagan sus padres o tutores, que podría ir desde los 13 a los 16 años (en el caso español se situaría en los 14).

El Reglamento establece que el consentimiento, con carácter general, sea libre, informado, específico e inequívoco, y en todo caso habrá de ser establecido por las personas jurídicas que traten esos datos de carácter personal. Así mismo, y en alusión al posible conflicto de competencia que se podría haber generado con anterioridad, el nuevo sistema no supone que los ciudadanos tengan que relacionarse con varias Autoridades o con Autoridades distintas de la del Estado donde residan, así podrán presentar sus reclamaciones o denuncias ante su propia Autoridad nacional (en el caso español, la Agencia Española de Protección de Datos), quien procederá a cursar la misma, a su gestión.

A ello hemos de sumarle que el Consejo Europeo apuesta por el establecimiento de la administración electrónica, a través de la cual los ciudadanos europeos podrán hacer valer sus derechos relacionados no sólo con la participación en asuntos públicos sino también con la denuncia o reparación. La e-administración deriva, en el marco español, de la firma de Declaración ministerial de administración electrónica de Tallin 2017 y su compromiso con el Plan de Acción de Administración Electrónica de la UE (2018-2022). Dando lugar a una revisión de la normativa en materia administrativa.

El esfuerzo normativo en áreas como las telecomunicaciones, el transporte, la energía supondrá esa mayor revisión del marco normativo europeo y nacional, y, en algún momento habrá de valorarse su relación con la normativa Norte Americana. Estados Unidos ya se encuentra tramitando una ley para permitir el acceso de sus autoridades a datos alojados en servidores que se encuentran alojados fuera de sus fronteras *Lawful Overseas Use of Data Act* que podría entrar en conflicto con las normas de protección de datos europea, o suscitar conflictos de competencia.

A este respecto, la Unión Europea también se encuentra trabajando en la regulación de los datos que no tienen carácter personal, planteando la supresión de barreras a la libre circulación de los datos no personales, lo que derivaría en un mayor crecimiento económico, una mayor competitividad de las empresas, al tiempo que las autoridades de los Estados miembros accederán a los datos de forma eficaz y eficiente.

En otro orden de cosas, está prevista la aplicación del llamado *"Reglamento sobre el bloqueo geográfico"*[24], que establece acabará con las barreras actuales al comercio electrónico al garantizar que se evite la discriminación entre consumidores por motivos de nacionalidad, lugar de residencia o de establecimiento. Se excepcionan del mismo los servicios que ofrecen acceso a contenidos protegidos por copyright, contenidos protegidos por derechos de autor, para su uso o venta, los servicios financieros, audiovisuales, de transporte, salud y sociales. Ésta medida pretende impulsar el comercio entre los Estados miembros, pues según datos ofrecidos por la UE en la actualidad, solo el 15 % de los europeos compra productos de tiendas en línea establecidas en otro país de la UE y tan sólo el 7% de las pymes vende bienes o servicios, siendo uno de los motivos principales para ese bajo porcentaje la práctica del bloqueo geográfico.

La importancia de consensuar un marco internacional común en el desarrollo de las *licencias abiertas* y el establecimiento de "estándares comunes" para alcanzar una interconectividad a través del *internet de las cosas* es uno de los puntos del programa *Horizon 2020*, e implica un diálogo internacional con Estados Unidos, Corea del Sur, Japón y China, fundamentalmente, que se desarrolla a nivel de la UE sus principales instituciones[25].

La consecución de un mercado digital común seguro supondría el impulso de una serie de medidas de certificación en el ámbito de la ciberseguridad homogéneo, a fin de eliminar la fragmentación, la distorsión de este mercado. En este sentido, se comprueba el papel activo de la Unión Europea que abandera el empuje regulador en el sector de las redes y servicios de las comunicaciones, en el ámbito de la competencia, de la protección de los ciudadanos, de la administración, etc. Empero, deja cierta discrecionalidad a los Estados miembros para su implementación, consecuencia de los principio de subsidiariedad y proporcionalidad, así como plantea las cuestiones de la interconexión, del mercado digital desde la cooperación y la coordinación.

La revisión del ámbito penal de los Estados miembros, en cuanto a los delitos informáticos o relativos al fraude fiscal, falsificaciones y delitos contra la propiedad intelectual, entre otros; o en el ámbito civil sobre regulación de la responsabilidad de la inteligencia artificial, el establecimiento del

---

[24] Más información: http://www.consilium.europa.eu/es/policies/geo-blocking/#

[25] Con más profundidad consultar el Documento (COM) " Commision Staff Working Document "advancing the Internet of Things in Europe"

marco de regulación de la robótica, en el ámbito laboral, civil e incluso constitucional con el fin de garantizar la necesaria seguridad jurídica plantea retos adicionales en el ámbito normativo de extraordinaria dificultad.

El Plan Estratégico de Ciberseguridad Europeo (European Commission, 2013) en su revisión de 2016 establece un conjunto de medidas orientadas a coordinar y reforzar las capacidades de la UE y los Estados: el desarrollo de la resiliencia; el refuerzo de la capacidad de respuesta; y la definición de nuevos instrumentos penales. La creación del *Equipo de Respuestas a Emergencias Informáticas* (CERT-UE)[26] de carácter permanente, y coordinado a nivel europeo, e incluso con nexos de conexión a nivel OTAN, supone una colaboración estrecha y asegura una respuesta ágil, eficaz y eficiente ante un ciberataque a las infraestructuras críticas. Y el impulso a la *Agencia de Seguridad de las Redes y de la Información de la UE* (ENISA)[27], en el ámbito de colaboración público-privada, derivarán igualmente en normativa suave al respecto.

Igualmente, en el ámbito de la ciber-defensa se intenta dar respuesta a las vulnerabilidades apelando a la capacidad de resiliencia y la disuasión como medios de garantizar la red (European Commission, 2017) y que serían igualmente contempladas en la *Cumbre Digital de Tallin* [28] en la que se consensuaron entre otros los siguientes aspectos:

- Garantizar la aplicación plena y efectiva de la Directiva SRI antes del 9 de mayo de 2018, así como la dotación de los recursos necesarios para que las autoridades públicas responsables de la ciberseguridad puedan desempeñar eficazmente sus tareas.

- Aplicar las mismas reglas a las administraciones públicas, dada la función que desempeñan en la sociedad y en la economía en su conjunto.

- Ofrecer formación relacionada con la ciberseguridad en la administración pública.

- Dar prioridad a la concienciación cibernética en las campañas de información e incluir la ciberseguridad como parte de los planes de estudios académicos y de formación profesional.

- Aprovechar las iniciativas de la «cooperación estructurada permanente» (PESCO) y el Fondo Europeo de Defensa para apoyar el desarrollo de proyectos de ciberdefensa.

---

[26] Información más detallada en https://www.enisa.europa.eu/topics/csirts-in-europe/capacity-building/european-initiatives/cert-eu

[27] Más información en https://www.enisa.europa.eu/

[28] http://www.consilium.europa.eu/es/meetings/council/2017/09/29/

Respecto a la parte penal, el desarrollo de una respuesta de Derecho penal eficaz pasaría por las tres líneas que habrán de ser trabajadas:

- Para desincentivar efectivamente la comisión de este tipo de delitos, es fundamental que la respuesta policial y judicial sea más eficaz y se centre en la detección, el rastreo y la persecución de los ciberdelincuentes. La Comisión propone, reforzar la disuasión con nuevas medidas de lucha contra el fraude y la falsificación de los medios de pago distintos del efectivo.

- La propuesta de Directiva reforzará la capacidad de las autoridades judiciales y policiales para luchar contra esta forma de delincuencia ampliando el alcance de las infracciones relativas a los sistemas de información a todas las operaciones de pago, incluidas las operaciones con monedas virtuales. Este acto jurídico también introducirá normas comunes en relación con las sanciones aplicables y aclarará a qué supuestos se extiende la jurisdicción de los Estados miembros en este tipo de infracciones.

- Con el fin de potenciar la investigación y el enjuiciamiento efectivos de la delincuencia favorecida por el entorno cibernético, la Comisión también presentará propuestas a principios de 2018 para facilitar el acceso transfronterizo a las pruebas electrónicas. Por otro lado, la Comisión presentará en octubre sus reflexiones sobre la importancia del cifrado en las investigaciones penales.

Para ello no sólo se proponen la revisión penal, que hemos mencionado unas líneas más arriba a modo de ejemplo sino también se apoya en dos nuevas Directivas facilitadoras de una respuesta policial y judicial más eficaz para la detección, rastreo, persecución y sanción de ciber-delincuentes: La Directiva para la lucha contra el fraude y la falsificación de medios de pago distintos del efectivo. La Directiva para el acceso transfronterizo a pruebas electrónicas en el curso de investigaciones criminales (e-Evidence Directive).

4. Conclusiones

Es evidente el impacto que "lo digital" puede tener en el crecimiento económico y desarrollo social a nivel global, mostrándonos esa economía de lo digital también potencia aspectos negativos como la brecha digital pudiendo, si no se hace un esfuerzo internacional al respecto, acentuar de manera dramática las diferencias en entornos como el educativo, laboral, social y cultural.

Para la Unión Europea es imprescindible el desarrollo de un mercado digital único y el trabajo conjunto de los Estados miembros y las instituciones europeas por eliminar tanto las barreras convencionales como las menos convencionales en el ecosistema tecnológico europeo. Esta política debe ir necesaria e imprescindiblemente ligada a la seguridad tecnológica lo que plantea retos, sobre todo, normativos que se están resolviendo a partir de la resiliencia, la disuasión y la colaboración transversal de empresas, gobiernos y organismos especializados en la garantía del ciberespacio.

Es precisamente la conjunción de la incertidumbre -que conlleva el desarrollo tecnológico de la conectividad -con la voluntad llevar al mercado único digital los mismos valores y libertades que inspiran la UE, lo que enfrenta a las instituciones europeas al reto de conseguir la garantía de esos derechos y libertades al tiempo que combate de manera eficaz el fraude, la protección de datos y el fraude, entre otros.

Se ha demostrado que no es posible afrontar esta era digital sin la revisión de los marcos normativos de la Unión Europea y de los Estados miembros. Su armonización u homogeneización se hace imprescindible para el fortalecimiento y consecución de la agenda europea.

El momento actual supone una revisión del marco legal para aquellos países miembros que han venido adaptándose a las recomendaciones de la Unión Europea, y a las previsiones normativas que establecían una *vacatio legis*, traduciéndose ello en un impacto menor en los sectores de la economía a los que afecta. Los Estados menos previsores transmitirán una mayor carga a sus empresas, que podría mermar su fuerza competitiva por precisar de una mayor inversión en materias de ciberseguridad, de adaptación a la normativa de protección de datos, e incluso de competencia. La coyuntura actual, por tanto, implica asumir un compromiso con los derechos y libertades digitales al tiempo que se permite el desarrollo de internet de las cosas y de la interconectividad. De igual manera, esta era de lo digital plantea metas en materia de regulación en diferentes ámbitos del derecho debiendo incorporar a cualquier normativa el componente de seguridad y protección necesarios.

Referencias bibliográficas

Boston Consulting Group. (2009). Towards A Connected World.

European Commission. (2013). JOINT (2013) 1 final Cybersecurity Strategy of the Euorpean Union: An open, safe and Secure Cyberspace.

European Commission. (2014). DSM: Roadmap, (October 2013), 2015.

European Commission. (2017). JOINT(2017)0450 Final Comunicación conjunta al Parlamento Europeo y al Consejo: Resiliencia, disuasión y defensa: fortalecer la ciberseguridad de la UE.

European Commission (EC). (2016). Un mercado único digital en Europa. https://doi.org/10.2775/39905

ITU. (2017a). ICT-centric economic growth, innovation and job creation.

ITU. (2017b). Measuring the Information Society Report 2017 (Vol. 2). Retrieved from http://www.itu.int/en/ITU-D/Statistics/Pages/publications/mis2017.aspx

Leiner, B. M., Cerf, V. G., Clark, D. D., Kahn, R. E., Kleinrock, L., Lynch, D. C., … Wolf, S. (2009). A Brief History of the Internet. ACM SIGCOMM Computer Communication Review, 39(5), 22–31. https://doi.org/10.1145/1629607.1629613

Longstaff, T. A., Chittister, C., Pethia, R., & Haimes, Y. Y. (2000). Are we forgetting the risks of information technology? Computer, 33(12), 43–51. https://doi.org/10.1109/2.889092

Navalón, R. (2012). EL vacío legal del Ciberespacio. Revista Aeronáutica Y Astronaútica, 817, 849–852.

Reguera, J. (2015). Aspectos legales en el ciberespacio. La ciberguerra y el Derecho Internacional Humanitario | GESI. Retrieved March 13, 2018, from http://www.seguridadinternacional.es/?q=es/content/aspectos-legales-en-el-ciberespacio-la-ciberguerra-y-el-derecho-internacional-humanitario

World Economic Forum. (2009). ICT for Economic Growth : A Dynamic Ecosystem Driving The Global Recovery, 1–11.

World Economic Forum. (2018). Creative Disruption: The impact of emerging technologies on the creative economy In collaboration with McKinsey & Company, (February). Retrieved from http://www3.weforum.org/docs/39655_CREATIVE-DISRUPTION.pdf

Zittrain, J. (2017). "Netwar": The unwelcome militarization of the Internet has arrived. Bulletin of the Atomic Scientists, 73(5), 300–304. https://doi.org/10.1080/00963402.2017.1362907

EL ASOCIACIONISMO EN LA DIFUSIÓN DE LA I+D+I AL PÚBLICO NO ESPECIALIZADO

Dra. Ana Bellón Rodríguez

Consejo Superior de Investigaciones Científicas (Delegación Institucional en Galicia) y Universidad de Santiago de Compostela

Dr. José Sixto García

Instituto de Medios Sociales y Universidad de Santiago de Compostela

Resumen

El acercar la I+D+i al público no especializado resulta imprescindible en la Sociedad del Conocimiento. En España, la Ley de la Ciencia, Tecnología e Innovación profundiza en la vertebración de las relaciones y el diálogo entre ciencia, tecnología y sociedad, y reconoce las actividades de divulgación y cultura científica y tecnológica como consustanciales a la carrera investigadora. En este contexto, se pretende conocer la labor de diferentes colectivos profesionales implicados en la difusión de la I+D+i al público no especializado. Para ello, se seleccionan tres casos como objeto de estudio: Asociación Española de Comunicación Científica, Associació Catalana de Comunicació Científica y Asociación Galega de Comunicadores de Cultura Científica e Tecnolóxica. Se indaga, a través de la consulta en sus webs y Estatutos, en su historia, cometidos e iniciativas. Se observa que el asociacionismo de profesionales especializados en la tarea de mostrar y explicar a la sociedad qué hay detrás de las siglas I+D+i comienza en España hace más de cuatro décadas y continúa con la unión, con un enfoque más autonómico, de periodistas, personas especializadas en el diseño de proyectos divulgativos, docentes o investigadores con sensibilidad por acercar su trabajo al vulgo. La apuesta por ofrecer a la sociedad una divulgación de la I+D+i rigurosa a la par que amena es una de sus señas de identidad, mientras que congresos, puntos científicos o debates son algunas de sus propuestas para crear y mantener en España un nivel de cultura científica y tecnológica acorde al siglo XXI.

Palabras claves

Ciencia, Tecnología, Asociación, Divulgación, Comunicación

1. Introducción: marco normativo

La difusión de la I+D+i al público no especializado se desarrolla en España al amparo de un marco normativo que abarca desde la Declaración Universal de Derechos Humanos (1948) a la Estrategia Española de Ciencia Tecnología e Innovación (2013-2020), pasando por la Ley 14/2011, de 1 de junio, de la Ciencia, la Tecnología y la Innovación, entre otras referenicias normativas. Hay que hacer alusión, además, a la Ley Orgánica 1/2002 de 22 de marzo, reguladora del derecho de asociación.

La Declaración Universal de Derechos Humanos (1948) apunta que "toda persona tiene derecho a tomar parte libremente de la vida cultural de la comunidad, a gozar de las artes y a participar en el progreso científico y en los beneficios que de él resulten".

La Constitución española (1978) hace alusión indirectamente en el Título I (De los derechos y deberes fundamentales) al derecho de las personas al conocimiento y directamente al derecho de asociación. En el artículo 27.1 (sección 1ª, derechos fundamentales y libertades públicas) se indica que "toda persona tiene derecho a tomar parte libremente de la vida cultural de la comunidad, a gozar de las artes y las letras y a participar en el progreso científico y en los beneficios que de él resulten" y en el artículo 44 (de los principios rectores de la política social y económica) se dice que "los poderes públicos promoverán y tutelarán el acceso a la cultura, a la que todos tienen acceso, y la ciencia y la investigación científica y técnica en beneficio del interés general".

En el artículo 22 (sección 1ª, derechos fundamentales y libertades públicas), "se reconoce el derecho de asociación, las asociaciones que persigan fines o utilicen medios tipificados como delito son ilegales, las asociaciones constituidas al amparo de este artículo deberán inscribirse en un registro a los solos efectos de publicidad, las asociaciones sólo podrán ser disueltas o suspendidas en sus actividades en virtud de resolución judicial motivada y se prohíben las asociaciones secretas y las de carácter paramilitar".

La ley 14/2011, de 1 de junio, de la Ciencia, la Tecnología y la Innovación, desarrolla el título competencial 149.1.15. Su antecedente es la Ley 13/1986, de 14 de abril, de Fomento y Coordinación General de la Investigación Científica y Técnica. En su preámbulo se dice que "la generación de conocimiento en todos los ámbitos, su difusión y su aplicación para la obtención de un beneficio social o económico son actividades esenciales para el progreso de la sociedad española, cuyo desarrollo ha sido clave para la convergencia económica y social de España en el entorno internacional. Este desarrollo, propiciado en gran medida por la Ley 13/1986, de 14 de abril, de Fomento y Coordinación General de la Investigación Científica y Técnica, tiene ante sí en la actualidad el reto de la consolidación e internacionaliza-ción definitiva de la ciencia". Se dice, además, que "para lograr una sociedad y una economía del conocimiento en España el papel de la ciencia, así como su difusión y transferencia, resultan elementos imprescindibles de la cultura moderna, que quiere regirse por la razón y el pensamiento crítico en la elección de sus objetivos y en su toma de decisiones".

La Ley de 1986 estableció la organización básica del Estado en materia de ciencia y tecnología, definiendo un instrumento principal de planificación estratégica: el Plan Nacional de Investigación Científica y Desarrollo Tecnológico.

La Ley de 2011 supuso un hito en el ámbito de la difusión al incluir entre sus objetivos el de impulsar la cultura científica, tecnológica e innovadora a través de la educación, la formación y la divulgación en todos los sectores y en el conjunto de la sociedad; profundizar en la vertebración de las relaciones y el diálogo entre ciencia, tecnología, innovación y sociedad y reconocer la comunicación y divulgación de la cultura científica y tecnológica como consustanciales a la carrera investigadora. Todo ello, se dice, con el fin último de mejorar la comprensión y percepción social sobre cuestiones científicas y tecnológicas y la sensibilidad hacia la innovación, así como para promover una mayor participación ciudadana en ese ámbito.

La Ley 14/2011 consta de un título, el tercero, dedicado al "Impulso de la investigación científica y técnica, la innovación, la transferencia del conocimiento, la difusión y la cultura científica, tecnológica e innovadora". En el artículo 38 se indica que "las Administraciones Públicas fomentarán las actividades conducentes a la mejora de la cultura científica y tecnológica de la sociedad a través de la educación, la formación y la divulgación, y reconocerán adecuadamente las actividades de los agentes del Sistema Español de Cuenca, Tecnología e Innovación en ese ámbito" y apunta que "en los Planes Estatales de Investigación Científica y Técnica y de Innovación se incluirán medidas para mejorar la formación científica e innovadora de la sociedad, fomentar la divulgación científica, tecnológica e innovadora y la comunicación científica e innovadora por parte de los agentes de ejecución del Sistema Español de Ciencia, Tecnología e Innovación".

En el contexto de la Ley 14/2011 se enmarca la Estrategia Española de Ciencia, Tecnología e Innovación (2013-2020). Constituye una herramienta de primer nivel para potenciar el conjunto de las capacidades del Sistema Español de Ciencia, Tecnología e Innovación, facilitando la colaboración entre todos sus agentes e incrementando los retornos sociales y económicos derivados de la inversión en I+D+i. Tiene entre sus seis ejes prioritarios "la difusión de una cultura científica, innovadora y emprendedora que penetre en el conjunto de la sociedad, fomente la creatividad y consiga un mayor grado de aceptación social e institucional del emprendimiento".

En cuanto al asociacionismo, sus actividades están reguladas de acuerdo con la Ley Orgánica 1/2002 de 22 de marzo. Dicha ley reconoce la importancia del fenómeno asociativo como instrumento de integración en la sociedad y de participación en los asuntos públicos, ante el que los poderes públicos han de mantener un cuidadoso equilibrio, de un lado en garantía de la libertad asociativa, y de otro en protección de los derechos y libertades fundamentales que pudieran encontrarse afectados en el ejercicio de aquélla.

Una asociación es una agrupación de personas que se organizan para realizar una actividad colectiva. Está gestionada y representada por una Junta Directiva formada por un presidente, de uno a tres vicepresidentes, un secretario, un tesorero y un máximo de seis vocales. La Asamblea General es su órgano supremo de gobierno y la integran todos los asociados. Los recursos económicos previstos para los fines y actividades de la Asociación son 1) cuotas de los socios (periódicas o extraordinarias), 2) subvenciones, legados o herencias que pudiera recibir de forma legal por parte de los asociados o terceras personas, 3) aportaciones de socios colaboradoras y 4) cualquier otro recurso lícito.

2. Objetivos generales y específicos

Tras presentar el marco normativo, el cometido es poner el foco en los diferentes colectivos profesionales implicados en la difusión de la I+D+i al público no especializado. Dado que la comunicación de la I+D+i al público no especializado es fruto de la implicación de diferentes agentes y sus correspondientes perfiles profesionales, se pretende:

- Conocer quiénes son y por qué se caracterizan
- Presentar la historia, evolución y cometidos de asociaciones que en España integran a estos perfiles profesionales

3. Metodología y desarrollo del trabajo de investigación

Para acometer este trabajo de investigación, de carácter exploratorio-descriptivo, se realiza, en primer lugar, una agrupación y caracterización de los tres perfiles profesionales que, a nuestro parecer, están implicados en la difusión de la I+D+i al público no especializado: generadores, intermediarios y demandantes/potenciales destinatarios.

En segundo lugar, se seleccionan tres asociaciones como objeto de estudio para indagar en el asociacionismo en la difusión de la I+D+i al público no especializado: la Asociación Española de Comunicación Científica, la Associació Catalana de Comunicació Científica y la Asociación Galega de Comunicadores de Cultura Científica e Tecnolóxica.

Como técnicas, se recurre a la documentación a través de las páginas webs institucionales y a la consulta de sus estatutos.

4. Resultados

4.1. Los tres colectivos implicados en la difusión de la I+D+i

En la difusión de la I+D+i al público no especializado tiene que haber una oferta, una demanda y un canal a través del que conectar y facilitar el producto, es decir, la ciencia y la tecnología, al destinatario. Se diferencian tres grandes colectivos implicados: 1) los que generan la I+D+i, 2) los que intermedian para que la I+D+i llegue al público no especializado y 3) los que demandan y a los que se destina la I+D+i en todo divulgativo.

En primer lugar, para que exista comunicación de la I+D+i es determinante la labor del Sistema Español de Ciencia, Tecnología e Innovación. Éste se define como "un conjunto de agentes, públicos y privados, que desarrollan funciones de financiación, ejecución o coordinación, así como un conjunto de estructuras, medidas y acciones para implantar y promover la política de I+D+i" (ley 14/2011). Incluye, por tanto, a universidades públicas y privadas, a los organismos de investigación y a los ocho organismos de públicos de investigación de la Administración General del Estado, entre otros.

La investigación es la principal tarea de los grupos de investigación integrados, a su vez, por diferentes perfiles: desde investigadores funcionarios de carrera a investigadores contratados o en formación, pasando por personal técnico y de apoyo. El grupo es el generador de la ciencia y la tecnología y es fundamental su apuesta por dar a conocer su labor más allá de en revistas de impacto. Si el grupo mantiene una actitud hermética y no abre las puertas de su laboratorio al vulgo, difícilmente podrá dar cuenta, por ninguna vía más allá de las publicaciones y foros académicos, de su trabajo y de sus avances para el progreso científico y tecnológico.

En segundo lugar, para que exista comunicación de la I+D+i las instituciones deben facilitar al grupo esa labor de llegar al público no especializado a través de la puesta a disposición de recursos básicos y estructuras de apoyo, es decir, de mediadores con los que el grupo se mantenga en permanente contacto. Dentro de esas estructuras de apoyo cabe citar a los departamentos de comunicación, que centrarán su trabajo en los medios de comunicación, y a las unidades de cultura científica y de la innovación, que centrarán su trabajo en el diseño y ejecución de actividades e iniciativas divulgativas.

Los departamentos de comunicación son "fuentes activas, organizadas y habitualmente estables de información que cubren las necesidades comunicativas tanto internas como externas de aquellas organizaciones y/o personas de relieve que desean transmitir de sí mismas una imagen positiva a la sociedad influyendo de esta forma en la opinión pública" (Ramírez, 1995: 27). Fernández y Torre (2009: 21-30) apuntan que "son unidades dirigidas en general por profesionales de la comunicación y en particular por periodistas", mientras García (2009: 12) incide en que "se encargan de la planificación, implementación y evaluación de la política comunicativa de la organización".

Las Unidades de Cultura Científica y de la Innovación (UCC+i) surgen en el año 2007 en el marco de la I Convocatoria Anual de Fomento de la Cultura Científica y de la Innovación promovida por la Fundación Española para la Ciencia y la Tecnología (FECYT).

En 2012 se establecieron los requisitos mínimos que debía formar una UCC+i para ser considerada como tal y formar parte del Directorio de UCC+i de la FECYT: 1) existencia de una organización estable con un responsable con dedicación completa, 2) presupuesto que evidencia el compromiso de la entidad con la Unidad y 3) un nivel de actividad que dependa de la modalidad a la que pertenezca (comunicación, divulgación, formación o investigación).

La labor de las UCCs, por tanto, está íntimamente relacionada con la de la propia FECYT. Esta entidad, fundación del sector público, ha generado en los últimos años publicaciones sobre la cultura científica en la sociedad: desde las diferentes ediciones, bienales, de la Encuesta de Percepción Social de la Ciencia y la Tecnología (FECYT, 2017) a las prácticas de cultura científica (FECYT, 2013), destacando una obra sobre el origen y evolución de las UCCs (FECYT, 2016).

En tercer lugar, para que exista comunicación de la I+D+i tiene que haber un público: potenciales destinatarios y demandantes de información científica y técnica.

La Encuesta de Percepción Social de la Ciencia y la Tecnología permite conocer cúal es la actitud de la sociedad hacia la I+D+i. Se emplea como técnica la entrevista personal domiciliaria a través de tableta base a un cuestionario semiestructurado. Se dirige a la población española y residente en España durante cinco o más años, de ambos sexos, con edades a partir de los 15 años. En su última edición (FECYT: 2017) se realizaron 6.357 entrevistas.

Se centra en seis grandes bloques: 1) interés por los temas científicos y tecnológicos, 2) imagen social de la ciencia y tecnología, 3) imagen social de la profesión científica y tecnológica, 4) alfabetización científica y tecnológica, 5) ciencia y tecnología en medios de comunicación y 6) políticas de apoyo a la ciencia y la tecnología.

En algo más de una década las ediciones de la citada Encuesta han puesto de relieve un crecimiento del interés espontáneo por la ciencia y la tecnología, tal y como se puede constatar en el siguiente gráfico.

Gráfico 1. Evolución en España del interés por la ciencia y la tecnología (2004-2016)

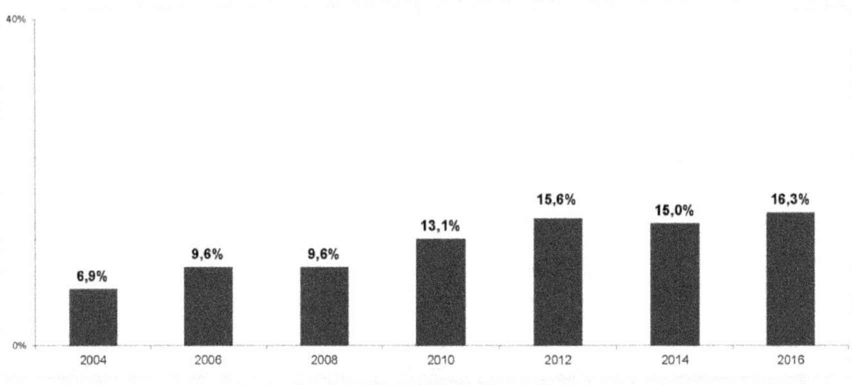

Fuente: FECYT (2017)

El grado de interés es levemente superior en hombres que en mujeres y se aprecia una notable diferencia entre el que despierta entre los más jóvenes en relación al de la tercera edad.

Gráfico 2. Interés por la ciencia y la tecnología en función del sexo y la edad

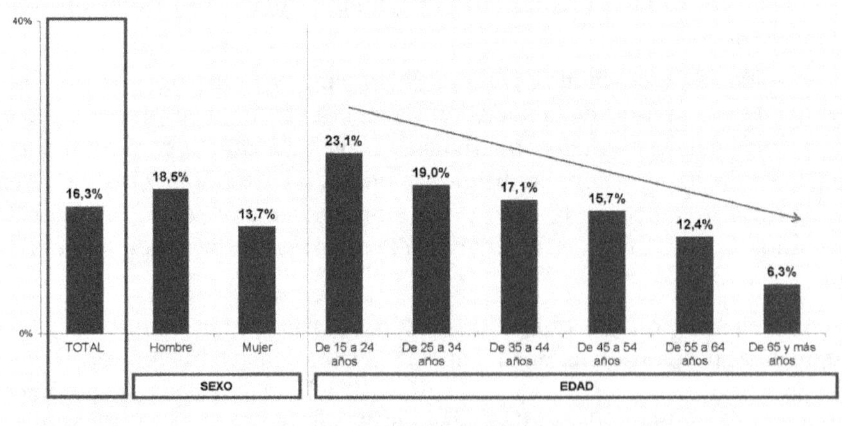

Fuente: FECYT (2017)

Hay, por tanto, tres colectivos sin los cuales no se puede producir ni alcanzar la difusión de la I+D+i al público no especializado. Los tres forman parte de una cadena y cada uno tiene su propio cometido.

El primero, generar I+D+i de calidad e informar a su institución, a través de los departamentos y/o unidades especializadas, de los avances en su labor. El segundo, tender puentes entre los científicos y la sociedad. Para ello tendrá que "navegar" entre dos mundos muy distintos. El tercero, demandar I+D+i y consumirla en diferentes formatos para incrementar con ello su cultura científica y tecnológica.

4.2. Tres asociaciones en España implicadas en la difusión de la I+D+i

La Asociación Española de Comunicación Científica (AECC) fue constituida con el nombre de Asociación Española de Periodismo Científico en 1975 por el periodista científico Manuel Calvo Hernando, su presidente de honor vitalicio. Desde septiembre de 2009 la preside Antonio Calvo Roy.

Se trata de una entidad sin ánimo de lucro cuyos fines fundacionales son:

1. Defender los intereses de sus asociados, periodistas y comunicadores españoles, o que residan y trabajen en España, especializados en temas científicos, tecnológicos, ambientales, de salud y disciplinas similares.

2. Difundir las informaciones que se producen en torno de estas disciplinas entre el público en general, y promover su aparición en los diferentes medios de comunicación.

3. Estimular y desarrollar procesos de formación y actualización de los periodistas y comunicadores en ciencia, tecnología y medio natural.

4. Velar por la independencia y la objetividad de los contenidos informativos y la libertad de expresión.

5. Facilitar el diálogo, las relaciones y el acceso a las fuentes de información y promover todo tipo de actividades de carácter informativo, así como el contacto y las reuniones con personas y entidades que tengan conocimientos o materiales informativos de interés para los asociados.

6. Promover la relación entre los profesionales de la comunicación y los de la ciencia.

7. Actuar como interlocutor válido ante toda clase de organismos y personas.

8. Participar en conferencias, seminarios y eventos, cuya finalidad esté relacionada con la comunicación social de la ciencia, la tecnología, el medio ambiente, la salud y temas afines.

Tiene su domicilio social en Madrid y desempeña principalmente sus actividades en España.

Forma parte de la European Union of Science Journalists' Associaciations (EUSJA), Asociación Iberoamericana de Periodismo Científico (AIPC) y de la World Federation of Science Journalists (WFSJ).

Sus estatutos actuales fueron aprobados en la Asamblea General Extraordinaria de junio de 2006 al amparo de la Ley Orgánica 1/2002, de 22 de marzo y normas complementarias, con capacidad jurídica propia y sin ánimo de lucro, quedando así reformados los estatutos fundacionales de la antigua Asociación Española de Periodismo Científico aprobados en 1975.

Entre sus hitos cabe citar que en 1990 celebró su I Congreso Nacional y en 1999 el II Congreso Nacional. En 1989, la AECC tuvo parte destacada en la organización, por el Consejo Superior de Investigaciones Científicas, del I Encuentro de Periodistas Científicos Europeos, "Hacia un espacio común europeo de divulgación científica" y en la II Reunión Internacional de Comunicación Pública de la Ciencia y la tecnología (Madrid, 1991), organizada también por el CSIC.

En 2001 la AECC realizó, de forma conjunta con las Universidades Carlos III de Madrid y San Pablo-CEU y con el apoyo del por entonces Ministerio de Ciencia y Tecnología, cuatro cursos de periodismo científico: Comunicación para investigadores y tecnólogos; Información y divulgación científica en los medios audiovisuales; Géneros periodísticos escritos en ciencia y tecnología y Gabinete de prensa de ciencia y tecnología.

En 2007 puso en marcha su portal en www.aecomunicacioncientifica.org

En la actualidad, agrupa a dos centenares de periodistas y comunicadores de los campos de la ciencia, la tecnología, la salud y el medio ambiente. Pueden ser socios de número aquellos profesionales que llevan a cabo tareas relacionadas con la información o comunicación en el campo de la ciencia y la tecnología, así como los estudiantes universitarios de comunicación y otras áreas afines a los objetivos de la AECC. Actualmente la cuota anual es de 60 euros. Los estudiantes universitarios gozan de una reducción de la cuota anual del 75% hasta que acaben sus estudios o hayan pasado cuatro años inscritos como socios con esta reducción. La cuota de estudiantes es de 15 euros.

La entidad también cuenta con la figura de socio colaborador, invitando a ello a instituciones y entidades interesadas en la comunicación científica. La cuota anual es de 1.000 euros.

Sus objetivos pasan por: 1) promover la presencia de informaciones científicas en los medios de comunicación, 2) facilitar el diálogo y las relaciones con las fuentes de información del área, 3) estimular y desarrollar procesos de formación y actualización de los periodistas y comunicadores en ciencia, tecnología y medio natural y 4) fomentar la relación entre los profesionales de la comunicación y los de la ciencia.

Su Junta Directiva está integrada por:

- Presidente: Antonio Calvo Roy
- Vicepresidente primero y tesorero: Ignacio Fernández Bayo
- Vicepresidenta segunda: Elena Lázaro Real
- Secretario general: Gonzalo Casino Rubio
- Vocales: Fernando Torrecilla Molina, Carolina Moreno Castro, Vanessa Pombo Nartallo, Javier 'Wicho' Pedreira, Gema Revuelta de la Poza, Rocío Pérez Benavente, Ángela Bernardo Álvarez y Antonio Villarreal García
- Dirección Ejecutiva: Óscar Menéndez
- Secretaría Técnica: Patricia Medrano Araújo

Sus principales actividades se centran en la organización de seminarios, coloquios, cursos y reuniones entre periodistas y científicos, con un doble objeto: tratar temas de actualidad científica que puedan ser utilizados por los periodistas, y establecer vínculos de carácter personal y amistoso entre los profesionales de la investigación y de la información, con vistas a una colaboración más fecunda para la ciencia y para la sociedad.

Entre sus últimas iniciativas figura la organización, junto con la Universidad de Córdoba, del VI Congreso de Comunicación Social de la Ciencia (noviembre de 2017) o la VI edición de las Jornadas de Divulgación Científica 'Más allá de los papers' (abril de 2017).

A ello se une la puesta en marcha de una "Biblioteca de Divulgación Científica", que pone a disposición de las personas interesadas obras específicas de divulgación científica en español y a los socios de la AECC, autores o propietarios de fondos bibliográficos, les brinda la posibilidad de incluir sus libros en el Catálogo Colectivo de la Red de Bibliotecas Universitarias Españolas.

La Associació Catalana de Comunicació Científica (ACCC) se constituye en 1990 como una entidad profesional que agrupa a comunicadores científicos, periodistas especializados, científicos, divulgadores y editores del ámbito catalán con interés por comunicar la información científica en los medios escritos y audiovisuales.

Sus fines son:

1. Dinamizar la presencia de la ciencia en los diferentes medios de comunicación

2. Facilitar la libre circulación y la divulgación de las ideas y el conocimiento científico.

3. Velar por la independencia y objetividad de los contenidos informativos que se generen alrededor de la ciencia, la tecnología y la innovación.

4. Promover la normalización de la ciencia y la divulgación científica como contenidos básicos en el ámbito de la cultura catalana.

Tiene su domicilio social en Barcelona (Cataluña).

Agrupa a unos 270 periodistas especializados en comunicación social de la ciencia, tecnología, medicina y medio ambiente, así como otros profesionales, en especial científicos, entidades e instituciones del campo de la comunicación científica, tecnológica y de medio ambiente. Se dirige, especialmente, a aquellos profesionales del ámbito cultural y lingüístico catalán, así como a las entidades, instituciones y empresas que tengan su sede en Cataluña. Sus miembros pueden ser ordinarios u honoríficos. La cuota anual son 50 euros (12,5 euros para los estudiantes).

Su principal objetivo es promover, difundir, ampliar y mejorar la comunicación científica en las tierras de habla catalana. A ello se unen otros cometidos: 1) facilitar la formación permanente de sus asociados e incentivar el debate y la autocrítica entre los comunicadores de la ciencia, la tecnología y la innovación, 2) dinamizar la presencia de la ciencia en los diferentes medios de comunicación y 3) velar por la independencia y objetividad de los contenidos informativos que se generen al rededor de la ciencia, la tecnología y la innovación.

Su Junta Directiva está integrada por:
- Presidente: Raül Toran
- Vicepresidente: Rubén Permuy
- Secretaría General: Elsa Velasco
- Tesorera: Mònica Vilalta
- Vocales: Anna May, Jordi Díaz, Elsa Velasco, Jaume Vilalta, Cristina Ribas, Jordi Balaguer, Jaume Estruch y Valentina Raffio
- Secretaría Técnica: Miriam Rivera

Sus principales actividades se desarrollan en torno a la publicación de la revista Papers de l'ACCC; la organización del concurso Loto Eureka: la concesión del Premi ACCC de divulgació de recerca científica (Premio Joan Oró) para incentivar la divulgación hecha por los jóvenes o la organización de jornadas periódicas, como la de comunicación ambiental, y ocasionales, como las dedicadas al tratamiento de los residuos municipales. También colabora en Campus Guttenberg, iniciativa dedicada a la comunicación y la cultura científica impulsada por el Máster en Comunicación Científica, Médica y Ambiental y la Fundación Bancaria "la Caixa" en el que colaboran el Centro de Estudios de Ciencia, Comunicación y Sociedad de la Universidad Pompeu Fabra y la Fundación Española para la Ciencia y la Tecnología.

La Asociación Galega de Comunicadores de Cultura Científica y Tecnológica (AGC CCT) surge en 2011 en Santiago de Compostela (A Coruña) por iniciativa una treintena de personas procedentes de ámbitos tan dispersos como la docencia, la investigación, el periodismo, los museos o la empresa.

Su fin fundacional es velar por las buenas prácticas profesionales, ofertar formación especializada y servir como punto de encuentro y debate entre sus asociados, así como promocionar la profesionalización del sector.

Integra a cerca de 130 socios: personal científico comprometido con la divulgación científica, periodistas especializados en comunicación social de la ciencia y la innovación, personal técnico de museos de ciencia y tecnología y cualquier persona vinculada con la divulgación científica rigurosa y de calidad. La cuota anual es de 10 euros.

Su Junta Directiva es la siguiente:

- Presidenta: Leonor Parcero
- Vicepresidenta: Luisa Martínez
- Secretario: José Antonio Costoya
- Tesorero: Francisco Rodríguez
- Vocales: Manuel Collado, Borja Merino, Dosi Veiga y Manuel Vicente

Sus principales actividades son: Puntos Científicos, (Divulgación científica a pie de calle); el programa Divulga na Escola (Divulgadores de la entidad visitan centros de enseñanza) y Escépticos no Pub (Charlas, generalmente los últimos viernes de cada mes, en un pub en Santiago de Compostela).

Entre sus últimas iniciativas figura el establecimiento de una colaboración con Radio Vigo (Programa Vigo Hoy por Hoy) a través de una sección sobre ciencia y tecnología en la que se entrevista a socios de la AGC CCT.

5. Discusión y conclusiones

Un siglo después de que Ramón y Cajal pronunciara la frase "al carro de la cultura le sigue faltando la rueda de la ciencia" se han realizado muchos esfuerzos por incorporar la cultura científica a los discursos e idearios (Ferrando y Tigeras, 2013). Tomando como referencia esta cita, se puede afirmar, a la vista de este estudio exploratorio-descriptivo, que en España parte de estos esfuerzos se están realizando en grupo, a través de la labor de las tres asociaciones objeto de estudio, y con diferentes perfiles profesionales.

Se puede aludir también a la frase "la unión hace la fuerza" para presentar la labor de estas tres entidades. Y es que en la difusión de la I+D+i al público no especializado hacen falta todos los perfiles: desde científicos con una trayectoria consolidada y destacada a jóvenes promesas de la I+D+i, pasando por técnicos de laboratorio y becarios de investigación. La multidisciplinariedad y el multiperfil redunda, sin duda, en una difusión de la I+D+i al público no especializado amplia, completa y desde todos los ángulos y perspectivas.

Es la difusión de la I+D+i al público no especializado una tarea compleja, no exenta de dificultades y repleta de retos. Compleja y difícil por trasladar, en un lenguaje accesible, lo que se esconde tras las siglas I+D+i: método científico, tecnicismos, metodologías, buenas prácticas... Repleta de retos, fundamentalmente, por ser una de las principales vías para alcanzar un nivel de cultura científica y tecnológica acorde a lo que necesita y demanda la sociedad del siglo XXI.

No hay una fecha exacta para datar en España de los inicios oficiales de la apuesta por la difusión de la I+D+i al público no especializado, si bien en las últimas décadas se constatan varios hitos: desde la puesta en marcha de las tres asociaciones objeto de estudio a la aprobación de legislación sobre la I+D+i en la que aparece por primera vez la palabra "divulgación científica", pasando por la celebración de congresos y eventos durante los cuales se han podido poner en común experiencias divulgativas.

Se observa que en las iniciativas promovidas por las tres entidades objeto de estudio se encuentran propuestas de largo recorrido y recientes, en formatos más clásicos o innovadores.

6. Referencias bibliográficas

Asociación Española de Comunicación Científica: http://www.aecomunicacioncientifica.org/

Asociación Catalana de Comunicación Científica: http://www.accc.cat/

Asociación Galega de Comunicadores de Cultura Científica e Tecnolóxica: http://divulgaccion.org/

Constitución Española (1978). Recuperado el 1 de octubre de 2017 desde https://www.boe.es/boe/dias/1978/12/29/pdfs/A29313-29424.pdf

Declaración Universal de Derechos Humanos (1948). Recuperado el 1 de octubre de 2017 desde https://www.ohchr.org/EN/UDHR/Documents/UDHR_Translations/spn.pdf

Estrategia Española de Ciencia, Tecnología e Innovación (2013-2010). Recuperado el 1 de octubre de 2017 de http://www.idi.mineco.gob.es/stfls/MICINN/Investigacion/FICHEROS/Estrategia_espanola_ciencia_tecnologia_Innovacion.pdf

Fernández Asenjo, G. y Torre Alfaro, N. (2009). Gabinetes de comunicación en mínimos. Madrid: Fragua.

Fundación Española para la Ciencia y la Tecnología (2017). Percepción Social de la Ciencia y la Tecnología en España. Madrid: FECYT. Recuperado el 1 de octubre de 2017 de https://www.fecyt.es/es/publicacion/percepcion-social-de-la-ciencia-y-la-tecnologia-en-espana-2016

Fundación Española para la Ciencia y la Tecnología (2016). UCC+i Origen y evolución (2007 - 2014). Madrid: FECYT. Recuperado el 1 de octubre de 2017 de https://www.fecyt.es/es/publicacion/ucci-origen-y-evolucion-2007-2014

Fundación Española para la Ciencia y la Tecnología (2013). Prácticas inspiradoras de cultura científica. Madrid: FECYT. Recuperado el 1 de octubre de 2017 de https://www.fecyt.es/es/publicacion/practicas-inspiradoras-en-cultura-cientifica-2013

García Orosa, B. (2009). Gabinetes de comunicación online. Claves para generar información corporativa en la red. Sevilla: Comunicación Social Ediciones y Publicaciones.

Ley 14/2011, de 1 de junio, de la ciencia, la tecnología y la innovación. Boletín Oficial del Estado. Madrid, 2 de junio de 2011, número 131, pp. 54387-54455. Recuperado el 1 de octubre de 2017 desde https://www.boe.es/boe/dias/2011/06/02/pdfs/BOE-A-2011-9617.pdf

Ley orgánica 1/2002, de 22 de marzo, reguladora del derecho de asociación. Boletín Oficial del Estado. Madrid, 26 de marzo de 2002, número 73, pp. 11981-11991. Recuperado el 1 de octubre de 2017 desde https://www.boe.es/boe/dias/2002/03/26/pdfs/A11981-11991.pdf

Ley 13/1986, de 14 de abril, de Fomento y Coordinación General de la Investigación Científica y Técnica. Boletín Oficial del Estado. Madrid, 18 de abril de 1986, número 93, pp. 13767 a 13771. Derogada.

Ramírez, T. (1995). Gabinetes de Comunicación. Funciones, disfunciones e incidencia. Barcelona: Bosch Comunicación.

Tigeras, P. y Ferrando, L. (2013). Cultura científica, cultura democrática. En El científico ante los medios de comunicación: retos y herramientas para una comunicación fructífera (pp. 85- 95). Barcelona: Fundación Dr. Antonio Esteve.

CAPÍTULO VIII

LA I+D+I EN EL PANORAMA MEDIÁTICO ESPAÑOL DEL SIGLO XXI: PRESENTACIÓN Y ANÁLISIS DAFO

Dr. José Sixto García
Universidad de Santiago de Compostela, España
Dra. Ana Bellón Rodríguez
Universidad de Santiago de Compostela, España

Resumen

La Encuesta de Percepción Social de la Ciencia y la Tecnología, iniciativa de la Fundación Española para la Ciencia y la Tecnología que se inició en 2002 y cuyos resultados se presentan con periodicidad bienal, y el Estudio General de Medios, iniciativa de la Asociación para la Investigación en Medios de Comunicación que se inició hace más de cuatro décadas y del que se publican tres oleadas anuales, permiten conocer, entre otras cuestiones, cuáles son los medios más utilizados en España para consumir I+D+i o cómo ha evolucionado la penetración de la prensa, la radio, la televisión e Internet en las últimas décadas. En este contexto, se sintetizan los resultados más relevantes de ambos estudios y se presenta el panorama de medios de comunicación especializados en I+D+i en España para, posteriormente, acometer un análisis sus debilidades, amenazas, fortalezas y oportunidades en pleno siglo XXI. La crisis de los medios, especialmente los de papel, el auge de nuevas formas de recepción y consumo de información, la popularidad de las redes sociales, el interés creciente de la sociedad por la ciencia y la tecnología o una legislación que reconoce las actividades de divulgación y cultura científica y tecnológica como consustanciales a la carrera investigadora son algunas de las cuestiones que emergen al realizar dicho análisis.

Palabras claves

EGM, FECYT, medios, España

1. Introducción: la especialización periodística en I+D+i

La sociedad debe poder acceder al conocimiento científico y tecnológico: la Declaración Universal de los Derechos Humanos (1948) dice que "toda persona tiene derecho a participar en el progreso científico y en los beneficios que de él resulten" (artículo 27) y la Constitución española (1978) que "los poderes públicos promoverán y tutelarán el acceso a la cultura, a la que todos tienen derecho, y la ciencia y la investigación científica en beneficio del interés general" (artículo 44).

Los medios de comunicación son fundamentales para garantizar dicho derecho. Reig (1998) ha apuntado que lo importante no es tanto lo que dicen, sino por qué lo dicen; Mccombs (2006) ha destacado su papel para determinar los asuntos que están en el centro de la atención pública y Ramonet (2004) ha incidido en su pérdida de función esencial de contrapoder.

Para conectar ambos mundos, el científico y tecnológico con el del público general, se requiere un esfuerzo de divulgación por parte de los investigadores y otro de especialización por parte de los profesionales de la comunicación

La especialización periodística puede entenderse, según Berganza (2005), como "aquella práctica que los profesionales de la información ejercen sobre un área del saber en la que son expertos que exige la puesta en práctica de unos métodos de trabajo que persiguen eliminar la dependencia de las fuentes oficiales de información y que se caracteriza por analizar, explicar e interpretar procesos con rigurosidad utilizando para ello el nivel del lenguaje adaptado a las necesidades del público receptor".

Otra definición es la de Orive (1974), quien lo entiende como "aquel subsector de la información que se canaliza de modo público y racionalizado a través de los instrumentos de comunicación colectiva, los cuales necesitan organizaciones costosas para conformar la actualidad, valiéndose de estrategias idóneas", mientras Fernández (1983) lo entiende como "aquella estructura informativa que penetra y analiza la realidad a través de las distintas especialidades del saber, la coloca en un contexto amplio, ofrece una visión global al destinatario y elabora un mensaje periodístico que acomoda el código al nivel propio de cada audiencia, atendiendo sus intereses y necesidades".

Se trata de un fenómeno comunicativo que surgió originariamente como una de las posibles respuestas a la crisis de lectores que afectaba por igual a la prensa de todos los países del Occidente europeo durante el segundo tercio del siglo pasado (Quesada, 1998).

El escándalo del caso Watergate, en 1972, es uno de los puntos de arranque para la especialización periodística y su evolución. Quesada (1998) identifica dos grandes momentos:

"Por un lado, la aparición de publicaciones no diarias que centran sus contenidos en temáticas distintas a las tradicionalmente consideradas como de actualidad periodística, y por otro, la aparición de profesionales de la información, llamados ahora periodistas especializados, que no se limitan a informar genéricamente de los hechos que conforman la realidad social, sino que se han convertido en profesionales capaces de interpretar, valorar y en definitiva, explicar los contenidos informativos de ámbitos temáticos muy precisos y complejos".

El panorama mediático puede dividirse entre el integrado por los medios de comunicación generales y los medios de comunicación especializado. A su vez, los generales pueden incluir espacios reservados a informaciones especializadas.

Casasús (1988) sintetiza las cualidades que, a su parece, deben darse en un texto para que se considere que hay especialización periodística:

- Superar la estructura piramidal clásica
- Contextualizar las informaciones
- Incorporar citas de expertos
- Añadir consideraciones propias del redactor que estén documentadas

Siguiendo a Orive y Fagoa (1974), se puede afirmar que "un área de especialización es un subcampo concreto de la información dentro del cual un profesional es capaz de desempeñar su quehacer periodístico de forma óptima y fiable con el empleo de una estrategia operativa fundada siempre en el cuadro del trabajo multidisciplinario". Estos autores distinguen las siguientes áreas: Área Política (política nacional, internacional, educación economía), Área Humana (entrevistas de personalidades, medicina, reporterismo de interés humano) y Área Recreativa (deportes, ocio, cultura, música). A esta clasificación se une la propuesta por Muñoz (1997), quien identifica seis grandes áreas: Política, Economía, Ciencia y Tecnología, Deportes, Sociedad y Cultura.

Entre esas áreas figura, como se ha visto, la científica y tecnológica. Para Calvo (1992) el periodismo científico tiene dos grandes cometidos. El primero, promover la ciencia y la tecnología en nuestras sociedades como condición para el incremento generalizado del conocimiento, ya que éste es la única posibilidad de supervivencia de la humanidad, y como base para la innovación industrial y el incremento de la calidad de vida. El segundo, emplear los medios informativos para difundir lo que el ciudadano debe saber o recordar sobre los efectos positivos y negativos del progreso científico y el desarrollo tecnológico sobre la cultura, la salud, el medio ambiente y todas las restantes dimensiones de la vida cotidiana de que se ha hablado en este capítulo.

La comunicación científica y tecnológica es una línea de investigación muy desarrollada internacionalmente de la mano, entre otros, de autores como Guenther y Ruhrmann (2013) o Gans (2010). En España, cabe citar, entre otros, a De Semir (2000), Calvo (1992, 1996, 1997) o Elías (2008).

2. Objetivos generales y específicos

Este trabajo de investigación, de carácter exploratorio-descriptivo, tiene dos grandes cometidos.

El primero, indagar en los principales resultados de dos encuestas relacionadas directa o indirectamente con la difusión en medios de la I+D+i: la Encuesta de Percepción Social de la Ciencia y el Estudio General de Medios.

Ello permitirá conocer cuáles son los principales medios a través de los cuales la sociedad consume I+D+i y si ha habido cambios en algo más de una década en el ranking de los principales medios para informarse sobre ciencia y tecnología, así como cuál ha sido la evolución general del consumo de información en prensa, radio, televisión e Internet. Se pretende, además, constatar si hay coincidencias o no en ambas evoluciones.

En segundo lugar, adentrase en el panorama mediático español para identificar y presentar, por soportes, las principales iniciativas de especialización periodística en I+D+i.

Todo ello con el fin último de proponer un análisis de las debilidades, amenazas, fortalezas y oportunidades de los medios en España como canal de divulgación científica y tecnológica.

3. Metodología

Se consulta y sintetizan los principales resultados de la Encuesta de Percepción Social de la Ciencia y la Tecnología y del Estudio General de Medios relacionados con los medios de comunicación, su evolución y su apuesta por la difusión de la I+D+i.

Se realiza una búsqueda de iniciativas especializadas en I+D+i en el panorama mediático español.

4. Resultados

4.1. La Encuesta de Percepción Social de la Ciencia y la Tecnología

Desde 2002 la Fundación Española para la Ciencia y la Tecnología elabora esta encuesta, con periodicidad bienal. Emplea una metodología cuantitativa a través de entrevistas personales domiciliarias con cuestionario semi-estructurado. El target son personas residentes en España durante cinco o más años, de 18 años de edad en adelante, en las 17 Comunidades Autónomas.

El objetivo de la Encuesta es conocer el interés por la I+D+i, la imagen social de la ciencia y de la profesión de científico, la ciencia y la tecnología en los medios de comunicación, la educación científica y las políticas de apoyo a la ciencia y la tecnología.

En su última edición (FECYT, 2017) se hicieron más de 6.000 entrevistas y entre sus resultados cabe citar:

- El crecimiento del déficit de información científica y tecnológica, situándose en -0.33%.

- El crecimiento del interés de las mujeres españolas por la ciencia y la tecnología: pasa del 9,9% en 2014 al 13,7% en 2016.

- Los jóvenes son el sector que muestra más interés por las informaciones científicas y tecnológicas. Un 23,1% se declara interesado por estos temas.

- El 33,1% de los encuestados afirman que el motivo de su desinterés por la ciencia y la tecnología está en la falta de comprensión en este tipo de informaciones.

Por tanto, conviene destacar que en algo más de una década las ediciones de la citada Encuesta han puesto de relieve un crecimiento del interés espontáneo por la ciencia y la tecnología.

Sus resultados permiten, además, conoce en detalle las principales fuentes a través de las que la sociedad accede a la I+D+i. En este sentido, los datos varían si se toma como referencia el total de citas o una única cita. En el primer caso, los tres medios predominantes son la televisión, Internet y prensa escrita en papel. En el segundo, el ranking está encabezado por Internet, seguido de la televisión y la prensa escrita en papel.

Gráfico 1. Principales medios para informarse sobre I+D+i

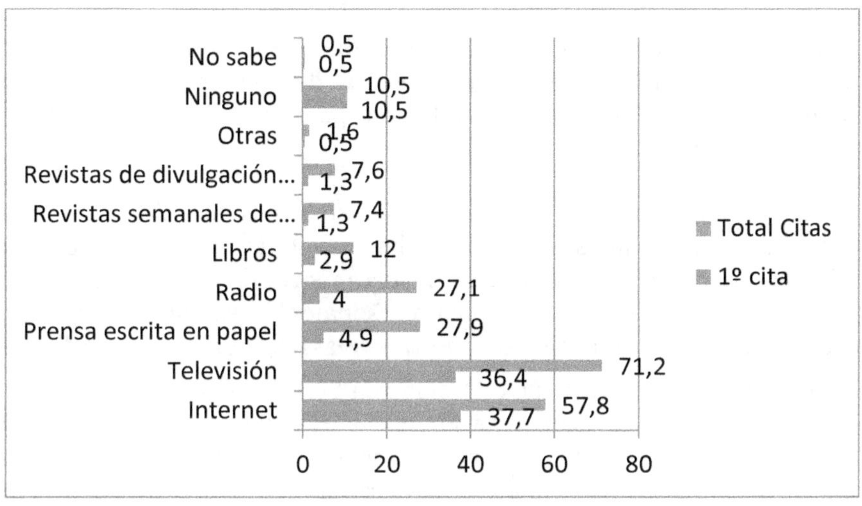

Fuente: FECYT (2017)

Si se comparan los datos de la VIII edición (2017) con los de la II (2004), cuando se incluyó por primera vez una pregunta sobre esta cuestión, se constata un notable incremento de Internet, seguido de la televisión y las revistas semanales de información general. El retroceso se ha dado sobre todo en el soporte impreso (prensa libros y revistas de información científica y técnica) y levemente también en el soporte sonoro (radio).

Gráfico 2. Evolución de los medios como fuente de acceso a la I+D+i

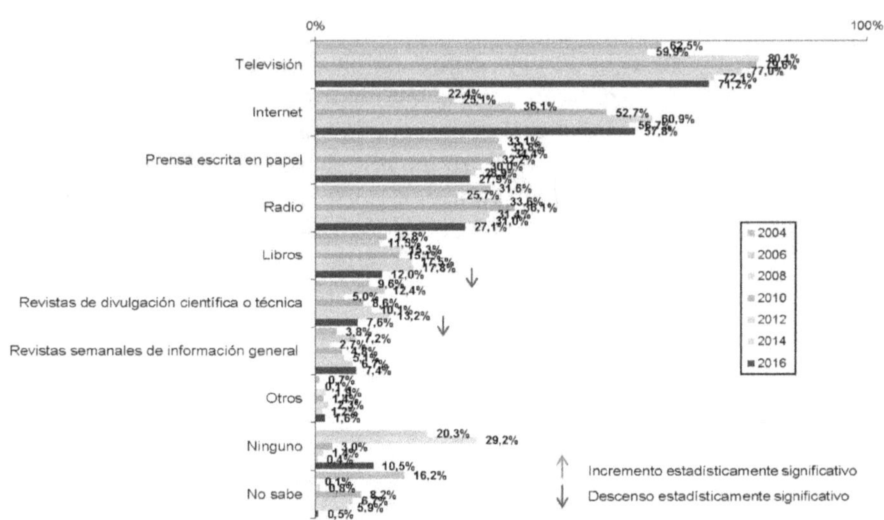

Fuente: FECYT (2017)

4.2 El Estudio General de Medios

La Asociación para la Investigación en Medios de Comunicación publica anualmente tres oleadas del Estudio General de Medios. Sus orígenes se remontan a principios de 1960, siendo la fecha oficial de inicio de este estudio el año 1968.

Se trata de un estudio poblacional. El universo está constituido por los individuos de 14 o más años residentes en hogares unifamiliares de la España peninsular, Baleares y Canarias. La muestra anual es de, aproximadamente, 30.000 individuos (28.500 entrevistas personales "face to face" + 1.500 entrevistas online), dividida en tres muestras (olas) de igual tamaño y diseño.

El estudio permite conocer la penetración en España de diarios, suplementos, revistas, radio, televisión, exterior, cine e Internet y su evolución desde 1997; el ranking de medios impresos, suplementos, revistas semanales, quincenales, mensuales y bimestrales; el ranking de radio generalista, temática; de cadenas de televisión y de sitios de Internet.

El cuestionario está dividido en secciones correspondientes a los siguientes apartados:

- Datos de clasificación (sociodemográficos).
- Medios: Prensa Diaria, Suplementos, Revistas, Cine, Radio, Televisión, Internet y Exterior.
- Equipamiento del hogar.
- Consumo de productos.
- Estilos de vida.

El EGM resulta de utilidad para contextualizar el panorama mediático al que en el que se realiza la comunicación científica y tecnológica del siglo XXI. En este sentido, cabe destacar la evolución experimentada en el mismo en las últimas décadas a través de un notable incremento de la penetración de Internet en detrimento del soporte impreso, lo que incluso comienza a vislumbrarse en relación a los medios audiovisuales.

Tabla 1. Evolución de la penetración de medios

Año	Diarios	Suplementos	Revistas	Radio	Televisión	Internet
2002	37,4	29,5	51,4	54,7	89,9	10,6
2003	39,7	29,4	53,1	57,9	90,7	13,6
2004	41,1	30,4	55,1	56,8	89,6	16,8
2005	41,1	27,7	53,8	55,5	88,9	19,7
2006	41,8	25,4	47,7	56,1	88,6	22,2
2007	41,3	24,9	49,4	54,7	88,7	26,2
2008	42,1	21,7	53,3	53,1	88,5	29,9
2009	39,8	21,9	51,3	55,3	89	34,3
2010	38	19,2	50,4	56,9	87,9	38,4
2011	37,4	18,2	48,9	58,5	88,5	42,5
2012	36,1	16,2	45,4	61,9	89,1	46,7
2013	32,4	14,6	43,4	61,5	88,7	53,7
2014	29,8	12,7	41	61	88,6	60,7
2015	28,5	11	38,5	60	88,3	66,7
2016	26,5	9,5	35,2	60	87,8	71,9
2017	24,3	8,7	32,8	59,3	85,2	75,7

Fuente: elaboración propia a partir de datos del EGM

Como se ha podido constatar, hay una relación directa entre el crecimiento de Internet dentro del consumo de los medios de comunicación y su uso como principal medio para informase sobre I+D+i en España.

4.3. El panorama mediático en España y la I+D+i

Parafraseando a Méndez (2007) "la transmisión del conocimiento científico se hace de la misma manera que se transmite un conocimiento económico, político o deportivo: adaptándolo al medio".

En este contexto, a continuación se presentan los principales resultados de la Encuesta de Percepción Social de la Ciencia y la Tecnología y del Estudio General de Medios por soportes (prensa, revistas especializadas, radio, televisión e Internet). Para cada soporte se identifican iniciativas de periodismo especializado en I+D+i, prestando especial atención a las más propuestas más representativas y de mayor recorrido.

4.3.1. Soporte papel: diarios, suplementos y revistas especializadas

La prensa es el tercer medio al que recurre la sociedad para informarse sobre ciencia y tecnología. En el ranking de penetración de medios, el soporte impreso ha ido descendiendo posiciones a medida que se incrementaba el soporte online.

Los diarios de información general no suelen tener en papel secciones específicas dedicadas a la I+D+i, ésta suele ir en Sociedad o en secciones relacionadas con áreas científicas, como Mar. Sí pueden contar con suplementos especializados en I+D+i, como "Futuro y Tierra", "Natura" o "Tercer Milenio".

Éste último, del Grupo Henneo, es de periodicidad semanal (los martes) y destaca por su largo recorrido, pues su historia arranca en 1993. Se presenta como un medio dedicado a la ciencia, la tecnología y la innovación, con "la vocación de conectar a la sociedad con las últimas tecnologías y avances científicos".

Las revistas especializadas en I+D+i son el sexto medio al que recurre la sociedad para informarse sobre I+D+i. Son, además, las más leídas dentro de las publicaciones mensuales (EGM, 1ª oleada 2018). La edición española de "National Geographic" ocupa el primer puesto (1.599.000 lectores) y le sigue "Muy Interesante" (1.500.000 lectores). En el 15º puesto se encuentra "Quo" (404.000 lectores).

"National Geographic" es una revista norteamericana de divulgación científica. Su primer número salió a la calle en 1888 y desde entonces se sitúa en el primer puesto en cuanto a fuentes de información científica. Su edición española llegó en 1997 de la mano del grupo de comunicación RBA y en el marco de la apuesta de la marca de internacionalizar la revista y llegar un público de habla no inglesa.

"Muy Interesante" fue fundada en mayo de 1981 por Juan Caño. Está editada por el grupo G+J España.

"Quo" nació en octubre de 1995. En la actualidad, está editada por el grupo Hearst España. La publicación se define como "un medio de divulgación científica alternativo al tradicional, que pretende ser más moderno, gráfico y global que sus homólogos". Es de tirada mensual y consta de unas 130 páginas que se dividen en bloques temáticos. Su público objetivo son personas interesadas en la actualidad científica. Entre sus iniciativas, destaca la Selección Española de la Ciencia.

4.3.2. La radio

Es el cuarto medio al que recurre la sociedad para informarse sobre ciencia y tecnología y ocupa el cuarto puesto en el ranking de penetración de medios en España.

En la programación radiofónica española se pueden encontrar espacios especializados en I+D+i o microespacios dentro de programas de información general.

Entre los primeros destacan "A Hombros de Gigantes" o "Entre probetas", que se emiten en Radio Nacional de España (RNE).

"A Hombros de Gigantes" empezó a emitirse el 7 de septiembre de 2007 en Radio 5 y Radio Exterior. En 2012 se trasladó a RNE. Tiene una duración aproximada de una hora, durante la cual el contenido se estructura en una entrevista de unos 20 minutos y un bloque con distintas secciones en los que están presentes distintos colaboradores. En su última temporada se ha emitido los lunes de 02.00 a 03.00 de la mañana.

"Entre probetas" se emite en Radio 5 los jueves de 21.30 a 22.00 horas y los domingos en Radio Exterior de 02.00 a 02.30 horas. Se trata de una iniciativa personal de José Antonio López Guerrero, actual presentador y director del programa, que "nace para entretener divulgando la ciencia". Tiene una duración aproximada de 25 minutos donde hay tiempo para entrevistas y coloquios entre el presentador y sus colaboradores.

Entre los segundos cabe citar "El viajero Cuántico" (Cadena SER, La Ventana); "A Ciencia" (COPE, La Linterna) y "Con Ciencia" (COPE, La Tarde); "Eureka" (Onda Cero, La Rosa de los Vientos) o "Ciencia" (Onda Madrid, Buenos Días Madrid).

4.3.3. La televisión

Es el medio con mayor penetración en España y ocupa una posición destacada como fuente de información científica y tecnológica, seguido, cada vez más de cerca, por Internet.

En el ámbito público, destaca la apuesta de RTVE por la divulgación científica con espacios como "La Aventura del Saber" (1992), "Redes" (1996), "El Escarabajo Verde" (1997), "Agrosfera" (1997), "Lab242 (2014) u "Órbita Laika" (2014), entre otros.

"La aventura del saber" lleva en antena desde el 13 de octubre de 1992. El contenido se centra en temas de naturaleza, asuntos sociales, ciencia y tecnología y humanidades. Se compone de entrevistas, reportajes y documentales. Se emite de lunes a jueves en La2 a las 10.00 horas.

"Redes" forma parte de la historia de la televisión en cuanto a los programas de divulgación científica. Su primera emisión fue el 23 de marzo de 1996 en

La 2 de RTVE. Estaba presentado por los investigadores Eduardo Punset, Wesou Telou y Alberto Jo Lee. El contenido estaba dividido en varias secciones: una entrevista, varios coloquios con los demás colaboradores y un informativo. En 2008 cambió su formato y pasó a denominarse "Redes 2.0". Adquirió entonces un estilo más sencillo. En total estuvo en antena durante 18 años, siendo uno de los programas más longevos, y con su última emisión, en mayo de 2014, alcanzó la cifra de 600 programas emitidos en La2.

"Escarabajo verde" se trata de un espacio divulgativo sobre cuestiones medioambientales. Está en antena desde 1997. El programa se centra en la biodiversidad y la conservación de la naturaleza con el objetivo de acercar al público la actualidad sobre el medio natural. Se emite en La2 los viernes a las 18.30 horas.

"Agrosfera" se trata de un programa divulgativo sobre el medio rural, la actualidad del sector primario y la industria alimentaria. Se emite desde 1997 los sábados a las 09.40 horas en La2.

"Lab24" es un programa de ciencia y tecnología. Su fin es dar a conocer y poner en valor el trabajo y las instalaciones de diversos centros de investigación españoles que producen ciencia y desarrollan nuevas aplicaciones. Recurre para ello a reportajes en profundidad y entrevistas con el personal investigador. Se trata de un espacio dirigido a un público amplio, no muy acotado, con el objetivo de despertar y aumentar su interés por la ciencia y la tecnología. Se emite los martes a las 00.30 horas y los miércoles a las 16.00 horas en La2 Pere Buhigas es su presentador.

"Órbita Laika" es un programa que trata de divulgar la ciencia con toques de humor. La primera emisión fue el 7 de diciembre de 2014 y la última ha sido el 14 de enero de 2018. Cuenta con el apoyo de la FECYT. Durante estos cuatro años el programa ha sido emitido en varias franjas horarias. Esta cuarta temporada se emitió los domingos a las 20.30 horas en La2. Las dos primeras temporadas han estado presentadas por el humorista Ángel Martín y desde el 2016 el programa lo ha conducido el monologuista Goyo Jiménez. Desde la dirección del programa lo definen como "un formato que "cerca la ciencia de manera amena, divertida y accesible". En cuanto a su audiencia, el share de la cuarta temporada se mantuvo en el 1,6% y 263.000 espectadores de media.

En el ámbito de la televisión privada, algunos ejemplos se encuentran con microespacios o microsecciones de determinados programas, como "El Hormiguero" (Atresmedia) o iniciativas como "ADN Max".

"El Hormiguero" dedica una sección a la divulgación, a través del medio televisivo, de la ciencia y la tecnología. Tras doce temporadas sigue en antena como uno de los programas más vistos del prime time de la televisión española. Su sección de ciencia recibió el Premio Tecnología XXI 2018.

"ADN Max", del canal de televisión Discovery Max, estuvo presentado por Xavier Sardá. A pesar de la innovación del formato, no logró enganchar al público y tras ocho emisiones la cadena optó por no renovar el programa para una segunda temporada. Empezó a emitirse el 4 de octubre de 2015 y terminó el 25 de diciembre del mismo año.

4.3.4. Internet

Internet se sitúa en segunda posición como uno de los medios que la sociedad elige para buscar información científica, si bien ocupa el primer puesto si se tiene en cuenta una única cita. Su crecimiento en ranking que recoge la evolución de la penetración de medios en España ha sido notable.

Hay una amplia amalgama de espacios que recurren a la Red para la divulgación científica: portales especializados, ediciones online de diarios generalistas, blogs, televisión online, agencias...

En el primer grupo figuran Materia o GCiencia. Materia se puso en marcha en 2012 por los promotores de la sección de ciencia del diario Público. En 2014 se asoció con la web de El País. Se presenta como "La web de noticias de ciencia" y su lema es "lee, piensa, comparte".

GCiencia se creó en 2013 por los periodistas Eduardo Rolland y Pablo López y contó con la beca iProx del Colexio Profesional de Xornalistas de Galicia y Novagalicia Banco. Desde 2015 ha obtenido anualmente el apoyo de la FECYT a través de su Convocatoria de Ayudas para el Fomento de la Cultura Científica y de la Innovación. Se presenta como "O portal da ciencia galega". En 2015 obtuvo el Premio Periodismo Digital de Galicia.

En el segundo grupo se localizan ediciones online de diarios de referencia en España, como El País o El Mundo, que apuestan en la Red por dedicar una pestaña específica, dentro de su menú, a la ciencia y la tecnología.

Entre los blogs figuran apuestas institucionales, como las del Consejo Superior de Investigaciones Científicas, el mayor organismo público de investigación en España: Ciencia para Llevar, albergado en 20minutos.es, y la Cuadratura del Círculo, en Eldiario.es.

Entre las iniciativas privadas destaca la televisión online Indagando TV.

Se trata de un canal de televisión en Internet especializado en I+D+i. Es, también, una marca bajo la cual se organizan actividades formativas entre las que destacan los cursos Periodismo en crisis, emergencias y desastres (cuarta edición) y El científico ante los Medios de Comunicación (séptima edición).

En cuanto al canal, se define por constituir la primera televisión en Internet puesta en marcha en España y dedicada exclusivamente a la ciencia e innovación. Se presenta como "un espacio en el que se habla de todo lo que ocurre en el ámbito internacional de la ciencia, la tecnología, la salud, la medicina humanitaria y el medio ambiente, desde una perspectiva amena y divulgativa. Nos gusta la ciencia y te lo queremos contar".

Arranca en junio de 2009 por iniciativa de Graziella Almendral, periodista y directora general del canal. Su capital inicial fue 100% privado y por el momento no ha recibido ayudas públicas.

Hay, además, tres grandes agencias online especializadas en I+D+i:

Servicio de Información y Noticias Científicas (SINC). Primera agencia pública de ámbito estatal especializada en información sobre ciencia, tecnología e innovación en español. Fue puesta en marcha por la FECYT en el año 2008. Produce noticias, reportajes, entrevistas y materiales audiovisuales (vídeos, fotografías, ilustraciones e infografías). Todos los contenidos producidos por SINC tienen una licencia Creative Commons 3.0. Ofrece su servicio a periodistas, científicos y ciudadanos para dar a conocer los últimos desarrollos de la ciencia más relevante, con especial énfasis sobre los trabajos españoles.

Agencia Iberoamericana para la Difusión de la Ciencia y la Tecnología (DICYT). Iniciativa del Instituto Universitario de Estudios de la Ciencia y la Tecnología de la Universidad de Salamanca. Surgió en el año 2003 con el objetivo de implantar un sistema regional de información científica y tecnológica especializada de ámbito regional. En 2008 se puso en marcha el proyecto DICYT, concebido como una red de información sobre avances científicos y tecnológicos de habla hispana y portuguesa de América y Europa e instrumento de la Fundación Centro de Estudios de la Ciencia, la Cultura Científica y la Innovación para que la difusión de información especializada suponga un apoyo a la investigación, educación e incremento de la cultura científica.

AlphaGalileo. Fuente de noticias de investigación. Distribuye notas de prensa y material para periodistas sobre la investigación mundial en ciencia, medicina, tecnología, arte, humanidades, ciencias sociales y negocios. El servicio, moderado por un equipo editorial, lo ofrece una compañía independiente sin ánimo de lucro, AlphaGalileo Foundation Ltd. Su principal cometido es conectar a la comunidad de investigadores con los medios de comunicación. Para ello, recibe noticias de ciencia facilitadas por prominentes organizaciones científicas y las difunde, en su nombre, a periodistas de todo el mundo.

4.4. Análisis DAFO del panorama mediático en España y la I+D+i

La principal debilidad, a nuestro parecer, radica en los recursos humanos especializados. Se considera fundamental apostar por incrementar y/o incorporar recursos humanos especializados en la difusión de la I+D+i, tanto en los propios agentes del Sistema Español de Ciencia, Tecnología e Innovación (es decir, en las fuentes informativas oficiales) como en los propios medios de comunicación (es decir, los primeros destinatarios de esa información y el canal con el que se llega a la sociedad).

La principal amenaza, según nuestro punto de vista, se halla en la situación actual, cambiante y altamente competitiva, del panorama mediático español. Fundamentalmente, en la crisis del soporte papel y en una oferta televisiva centrada en el entretenimiento. La crisis de ha llevado por delante medios e iniciativas relacionadas con la I+D+i.

Las principales fortalezas y oportunidades radican, en primer lugar, en la propia I+D+i: ha estado, está y estará presente en nuestra vida, por lo que no se puede mirar hacia otro lado a la hora de apostar por acercarla a la sociedad. A ello se unen nuevas generaciones de científicos y técnicos, más abiertos a acercar su trabajo y sus logros al público no especializado, así como el interés de la sociedad, manifiesto y creciente según las ediciones de la Encuesta de Percepción Social de la Ciencia y la Tecnología, por la I+D+i.

5. Discusión y conclusiones

Hay tres requisitos para que la comunicación científica llegue a los medios. El primero, que se genere una buena investigación científica y tecnológica, pues ello dará lugar a su vez a una buena difusión científica y tecnológica. El segundo, que la institución en el seno de la cual se genera esa I+D+i apueste por acercar su labor al público general. Ello implica la dotación de personal y unidades especializadas en ejercer de mediadores. El tercero, la apuesta de los medios de comunicación por la difusión de la I+D+i.

El papel de la ciencia y la tecnología en la sociedad contemporánea cobra cada vez mayor importancia y en este contexto los medios de comunicación están llamados a desempeñar una función cada vez más decisiva. Éstos se enfrentan al reto de hacer compatible la exposición del hecho o la teoría científica con la claridad y amenidad que exige el público general no especializado.

Referencias bibliográficas

Asociación para la Investigación en Medios de Comunicación. Estudio General de Medios. Disponible en https://www.aimc.es/

Berganza Conde, MR. (2005). Periodismo especializado. Madrid : Ediciones Internacionales Universitarias

Casasús, JM. (1988). Iniciación a la periodística: manual de comunicación escrita y redacción periodística informativa. Barcelona: Teide.

Calvo Hernando, M. (1997). Manual de Periodismo Científico. Barcelona: Bosch.

Calvo Hernando, M. (1992). Periodismo científico. Madrid: Paraninfo.

De Semir, V. (2000). Periodismo científico, un discurso a la deriva. Revista Iberoamericana de Discurso y Sociedad, 2(2), 9-37.

Elías, C. (2008). Fundamentos del periodismo científico y divulgación mediática. Madrid: Alianza.

Fundación Española para la Ciencia y la Tecnología (2017). Percepción Social de la Ciencia y la Tecnología en España. Madrid: FECYT. Recuperado el 1 de octubre de 2017 de https://www.fecyt.es/es/publicacion/percepcion-social-de-la-ciencia-y-la-tecnologia-en-espana-2016

Gans, H. (2010). News and the news media in the digital age: Implications for democracy. Daedalus 139 (2), 8–17. DOI: 10.1162/daed.2010.139.2.8.

Guenther, L. y Ruhrmann, G. (2013). Science journalists' selection criteria and depiction of nanotechnology in German media, Journal of Science Communication, 12 (3), 1-17.

Quesada Pérez, M. (1998). Periodismo especializado. Madrid: Ediciones Internacionales Universitarias.

Méndez, E. (2007). La ciencia como noticia: estrategias discursivas y textuales. La clonación terapéutica. En Delgado Cobos, I. & Puigvert Pcal, A. (EDS). Ex admiratione et atmicia: homenaje a Ramón Santiago. Madrid: Ediciones el Orto.

Muñoz Torres, JR. (1997). Aproximación al concepto de información periodística especializada. En Esteve Ramírez, F. Estudios sobre información periodística especializada (pp. 25-41). Valencia: Fundación Universitaria San Pablo CEU.

Mccombs, M. (2006). Estableciendo la agenda: el impacto de los medios en la opinión pública y en el conocimiento. Barcelona: Paidós Ibérica.

Orive, P. y Fagoaga, C. (1974). La especialización en el periodismo. Madrid: Dossat.

Ramonet, I. (2004). Información, comunicación y globalización. El quinto poder. Chasqui. Revista Latinoamericana de Comunicación, 88, pp. 26-31. Doi http://dx.doi.org/10.16921/chasqui.voi88.281

Reig, R. (1998). Medios de comunicación y poder en España: prensa, radio, televisión y mundo editorial. Barcelona: Paidós Ibérica.

Otras referencias

Declaración de los Derechos Humanos: http://www.un.org/es/documents/udhr/

Constitución Española: http://noticias.juridicas.com/base_datos/Admin/constitucion.html

*Este libro se terminó de elaborar en diciembre de 2018
en la ciudad de Sevilla, bajo los cuidados de
Francisco Anaya, director de Ediciones Egregius.*

www.ingramcontent.com/pod-product-compliance
Lightning Source LLC
LaVergne TN
LVHW050827200726
843507LV00001B/220